JN295258

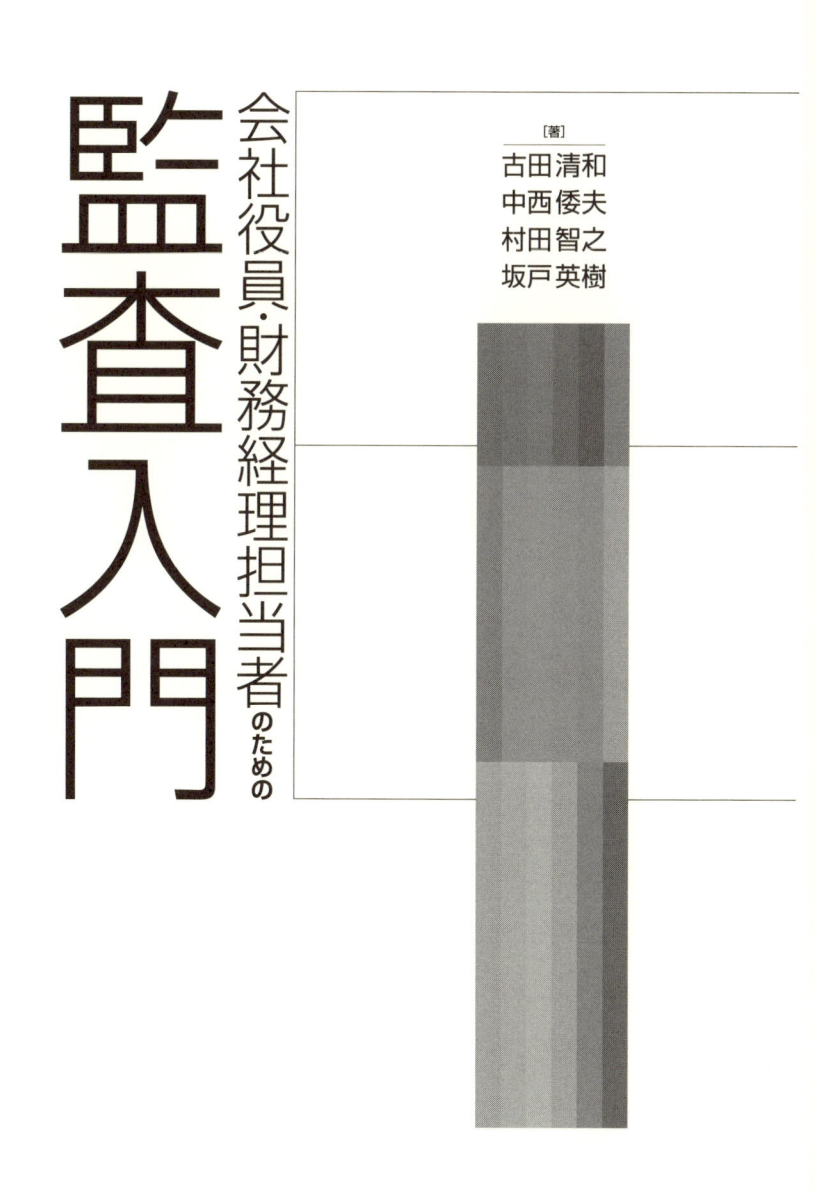

会社役員・財務経理担当者のための

監査入門

[著]
古田清和
中西倭夫
村田智之
坂戸英樹

同文舘出版

はしがき

ビジネス社会では、監査や会計の重要性がますます高まり、監査の知識が経営者にとっての必須条件となってきています。このような状況の中で監査実務の入門書があまり多く見受けられないのも事実です。一方、実務の世界では、最近の国際化をはじめとする企業環境の変化や経済情勢の厳しさを反映して、基準や法の改正が相次いでいます。その意味では監査や会計の知識は経済活動を支えるインフラであり、ビジネスパーソンにとっては必須のスキルとなっています。

監査実務を実践していくには、入門書ではさすがに十分とはいえませんが、といって大部な専門書を一から紐解いていくのもかなりの労力を要します。そこで、監査実務に携わる財務経理の担当者や会社の役員の方を対象に、財務諸表監査に関連するさまざまな関係者が実際にどのように監査を捉えているのか、また捉えていくべきなのかについて、基本項目を押さえながら記載していくことはできないものかと考え、本書をまとめました。

監査の現場で日々努力されている関係者の方は監査に関する知識もお持ちで、また経験も積まれていると思います。そのような、監査を総合的に捉え、個別の問題も解決していかなければならない人を中心に、公認会計士・監査役・監査の窓口となる担当者や監査結果の利用者などに役立つよう実践的に解説していくことにしました。なお、執筆者は全員、監査を実施する側として、もしくは監査を受ける側として監査実務の現場を経験していますので、監査の現場での体験も織り込まれています。

監査実務の入門から、というコンセプトは一貫しています。項目を網羅的に取り上げるのではなく、読みやすさを考慮して必要な項目、最近のトピックなどを取り上げ、監査実務の経験がない人でも入りやすいように工夫されています。

監査は特殊な技能を持った特別な人が行うのではなく、経済社会の基本として身近にあるものになっています。とはいえ、教育現場での監査論は財務会計の知識を必要とするためなかなか入りにくいのが現状です。そこで監査を実務から眺めた場合、企業における財務諸表の内容と作成にいたる過程が、変化してきているため、最低限必要な理論的な背景にも言及しています。特に本書の序章では、監査の意義、必要性、主体など全体像について、第1章では監査実務の現場における経営との関わりについて、要点を解説しています。

初心者の方は、まずこの2つの章をじっくり読んでいただければ、監査のイメージを捉えやすいと思います。

監査や会計の話題がマスコミに登場する機会も格段に増加し、監査が行われているのに不祥事がなくならない日常になっています。監査の知識を整理したい経営者の方々、監査の実践現場にいる方々に特にお薦めしたいと思います。また、これから、社会に出て行く学生諸君にとっても格好の入門書になっています。さらに、監査役や内部監査に関する項目にもかなりの量を当てていますので、監査の全体像をつかめるものとなっています。

最後になりましたが、本書を作成するにあたり、われわれのアイデアを具体化するために多大なご尽力をいただきました。同文舘出版の青柳裕之氏に厚くお礼申し上げます。

平成23年9月

執筆者を代表して　古田清和

序章　目次

1 監査とは
- 経済活動のなかで何を頼りに行動しているか？ ……2
- 監査の仕組みとは？ ……3
- 監査を定義するとどのようになるのか？ ……4
- 企業を取り巻くリスクへどのように対応するか？ ……5

2 財務諸表と監査
- 財務諸表とは？ ……7
- 財務諸表と監査の関係は？ ……8

3 なぜ監査は必要なのか
- 監査の必要性をどのように考えるのか？ ……9
- 関係者からみて監査が必要な理由は？ ……10
- 監査結果はどのように伝えるのか？ ……11
- 企業内で行われる様々な監査とは？ ……11

4 経営者が作成した財務諸表を監査する意味（二重責任の原則）
- 財務諸表監査の基本的な考え方とは？ ……13

第1章 経営と監査

5 経営者の役割と内部統制

- 二重責任の原則はなぜ必要か？ ……14
- 経営者の役割〜財務諸表に対する責任とは？ ……15
- 経営者の役割〜財務諸表を作成する仕組みに対する責任とは？ ……15

6 監査を取り巻く当事者

- 監査を取り巻く関係者とは？ ……17
- 監査当事者間の関係は？ ……18
- 企業内の監査主体は？ ……18

1 経営を取り巻く環境—ガバナンス・不正・粉飾—

- ガバナンス（企業統治）の考え方 ……20
- 不正や粉飾は何故なくならないのか—防止するには ……21

2 財務諸表と監査

- 経営者の監査への期待—警鐘か、決算書の「お墨付き」か？— ……22
- 経営課題への監査の対応 ……24
- 日常の監査への対応 ……26

iv

第2章 監査の概要

1 上場会社と監査（金融商品取引法監査）

- 株式上場 ……38
- 金融商品取引法監査制度 ……38
- 証券取引所における開示制度 ……39
- 四半期開示と簡易な監査 ……40
- レビュー制度とは？ ……40

3 内部統制と監査

- 内部統制の意味は？ ……33
- 具体的な内部統制の運用 ……33

4 経営管理と監査

- 管理会計と財務会計の区分（会計の種類）……35
- 財務会計・管理会計の接近と監査 ……36

- 監査人とのコミュニケーションのとり方 ……28
- 公認会計士の活用方法は？ ……30
- 会社の成長に監査は役立つか？ ……31

② 会社法に定められている監査（会社法監査）

- 会社法監査制度 ……42
- 会社法の監査対象会社 ……42
- 会社法監査と金融商品取引法監査は実質的には同じか？ ……43
- 会社内監査である内部監査の位置づけは？ ……43

③ 監査の意味するもの（保証業務）

- 保証業務と監査 ……44
- 保証業務とリスク ……45
- 重要な虚偽の表示 ……45
- 合理的な保証 ……46

④ 公認会計士の行う仕事（公認会計士業務）

- 監査人の役割——財務諸表監査の機能 ……47
- 監査人による批判的機能と指導的機能は両立するか ……47
- 保証機能と情報提供機能 ……48
- 期待ギャップ ……49

⑤ 監査のよりどころ

- 監査基準の生成 ……50
- 監査基準の改訂（リスク・アプローチによる監査へ） ……52
- 監査基準等の方向性 ……53

第3章　監査実施者（監査を実施する当事者）

1 監査を担う当事者
- 会社のなかで監査を担う（監査主体・総論） ……58

2 公認会計士・監査法人
- 監査人の役割 ……60
- 監査人となれる資格「公認会計士」とは ……62
- 信頼される要件としての倫理と守秘義務 ……63
- どんな人が監査しているかについての情報開示 ……64
- 監査の信頼性維持のための品質管理 ……65

3 監査役（監査役会等・社外監査役）
- 監査役とは？（監査役制度） ……67
- 会計監査の役割分担（監査役と会計監査人） ……68
- 複数の監査の担い手が集まっている組織（監査役会） ……69
- 監査委員会の概要と権限 ……72

- 監査役監査のよりどころ ……55
- 内部監査のよりどころ ……55

- 委員会設置会社の制度はなぜ広まらないのか？ ……73
- 監査の会社外部からの担い手（社外監査役・独立役員） ……74
- 監査役監査のよりどころ（監査役監査基準と監査役協会） ……76

4 内部監査人（会社のなかにもある監査の役割）

- 内部監査とは何か ……79
- 内部監査がカバーする領域 ……80
- 会社内部で監査を担当する人（内部監査人）の要件 ……81
- 内部監査人の独立性 ……81
- 内部監査人とコンサルティング ……82
- 内部監査人と組織的監査 ……82
- 社内で情報をいつ、誰から、どのように入手し、伝達するか？ ……83
- ガバナンスの充実と会社の健全な組織運営 ……84
- 内部監査による経営者が構築した仕組みの検証 ……85
- 会社の損失を最小限に抑える仕組み（リスク・マネジメント）とは？ ……85
- リスクをどのように識別・認識するか？ ……86
- リスクの測定と評価とは？ ……86
- リスクにどのように対応するか？ ……87
- 会社の不祥事とその予防、発見をどのようにするか？ ……87
- コンプライアンス監査とは ……88

第4章　内部統制監査の実務

1 内部統制とは
- 内部統制の意味 ……98
- 内部統制制度の導入 ……99

2 制度と法体系
- 内部統制の理解にはフレームワークが有用 ……101
- 財務報告に係る内部統制の基本的要素とは ……101
- 上場企業の財務諸表の信頼性を高めるためのルール ……103
- 上場企業における財務諸表の作成プロセスと内部統制 ……104

5 連携（取締役・監査役・内部監査と監査人）
- 監査の専門家が連携すれば（監査人と監査役等とのコミュニケーション） ……90
- 経営者の考えていることを知っておく（経営者と監査人のディスカッション） ……91
- 監査役等と内部監査との連携 ……92
- 監査人と内部監査の連携 ……93
- 公認会計士もプロではない部分は他人の知識を借りる（専門家の利用） ……94
- 専門家の利用と監査人の責任 ……95

- 大会社における取締役の適正な職務執行を可能にするシステム ……105
- 財務諸表の作成にかかる一連のプロセスの妥当性の報告 ……106

③ 経営者サイド（経営者が構築する内部統制）
- 財務諸表の作成プロセスの評価と報告の流れ ……107
- 内部統制の評価における不備の区分 ……107
- 財務諸表全体に影響を与える事項の評価 ……108
- 決算業務手続きの評価 ……110
- 財務諸表の誤りが生じやすい業務プロセスの評価 ……111
- 財務諸表作成のプロセスに問題があった場合の対応 ……113
- 経営者によるプロセスの良否の報告 ……114

④ 監査人サイド（監査人が実施する内部統制監査）
- 財務諸表の監査とその作成プロセスの監査 ……115
- 財務諸表全体に影響を与える事項の監査 ……116
- 決算業務手続きの監査 ……116
- 財務諸表の誤りが生じやすい業務プロセスの監査 ……117
- 財務諸表作成のプロセスに問題があった場合にどのような対応をするか ……118
- 経営者が作成した内部統制報告書の監査 ……119

第5章　監査実務

1 監査適用法令

- 監査人の依拠すべき監査の基本基準 …… 122
- 公認会計士が遵守すべき法令等 …… 122
- 上場企業の監査、大会社の監査において公認会計士が遵守すべき法令、法規等 …… 123
- 企業および経営者の判断の根拠となる会計の基準 …… 124
- 監査人の実務上のガイドライン …… 125

2 監査報告書（経営者確認書・継続企業）

- 監査の結果を目にみえるようにしたら？ …… 126
- 監査意見の種類と背景（監査人のお墨付きが得られる場合と得られない場合）…… 128
- 経営者確認書のあるべき内容と必要性（経営者って会計のことを本当に知っているの？）…… 130
- 事業継続の危機と監査の対応 …… 132
- 監査報告書にみる企業危機の実態 …… 133

3 会計上の見積りと評価

- 財務諸表には見積りがあるのにどのように対応する？（経営者の見積り）…… 134
- 監査リスクと見積りの監査手続 …… 135
- 将来に関することをどのように確かめる？（繰延税金資産の回収可能性の検討を例にして）…… 135

4 監査法人と監査、品質管理

- 昔の財務諸表が間違っている？（会計上の変更と遡及修正） ……137
- 監査法人の品質管理の概要（品質管理の必要性） ……139
- 職業倫理と独立性の保持 ……139
- 職業倫理と品質管理 ……140
- 個人の業務から組織的監査へ（監査法人における業務） ……141
- 監査意見表明のための審査 ……141
- 監査事務所が受ける品質管理レビューとは？ ……142

5 国際監査基準

- アニュアルレポートに含まれる財務諸表の監査 ……143
- 会計の国際化って？ 監査も国際化？ ……144
- 外国会社の有価証券報告書に含まれる財務諸表の監査 ……145
- 外国ではどんな監査がされているの？ ……145
- 国際監査基準 ……146

xii

第6章 監査手続

1 リスク・アプローチにおける手続 ……148

- リスク・アプローチ（評価手続と対応手続）と監査リスク ……148
- 監査リスクと重要性
- 内部統制の現状把握 ……151
- 内部統制の運用評価手続の計画と実施 ……152
- 一石二鳥の監査手続（二重目的テスト）の計画と実施 ……153
- 特別な検討を必要とするリスク ……154
- サンプリングによる試査 ……154

2 主要な実証手続（実査・確認・立会） ……156

- 実証手続とは ……156
- リスク・アプローチにおける実証手続と監査要点 ……156
- 実査 いつ、どこで、何を実査し何と突合するか ……157
- 第三者への確認手続 ……158
- 確認対象をどのように決定し、送付から回収するか ……160
- 確認状の管理と差異調整 ……161
- 差異の原因分析調整 ……161

- ●未回答先に対する監査手続 162
- ●棚卸資産の保管・管理手法の確認と監査人の立会
- ●立会計画の監査チーム内での共有化と立会の実施 162 163

3 IT統制

- ●まずコンピュータを理解しよう（ITの評価と財務諸表監査） 164
- ●なぜ会計士はパソコンばかりみているのか（監査人によるITの理解） 164
- ●どんなチェックがかかっているか（IT評価と統制リスク） 165
- ●統制リスクの評価とITとの関連 166
- ●どんな作業手順になっている（プロセス） 168
- ●チェックは本当に大丈夫？（統制の評価・統制は有効か有効でないか） 169
- ●ウォークスルー（統制評価の検証手続） 171
- ●システムがきちんと運用されているか確かめてみる（統制テスト） 172
- ●推移表はなぜ作成するのか？ 174 175

xiv

序章

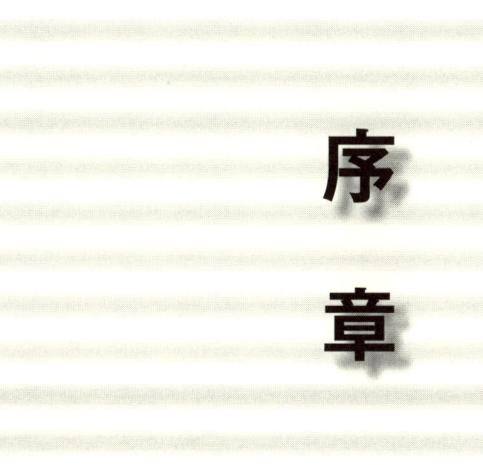

1 監査とは

◆経済活動のなかで何を頼りに行動しているか？

消費や生産などの経済活動が社会のなかで行われると、様々な情報が伝えられます。またインターネットをはじめとして、いろいろな情報が溢れています。こうした情報のなかから、情報の正しさ、言い換えればその情報は信頼できるかどうかを検討して、利用者は行動するということが一般に考えられます。

これらの情報は、情報を発信する側からの一方的なものが多いため、情報を受け取り利用する側では、今までの経験や世間での評判などを参考にして、自己の行動を決めることになります。

例えば、電化製品を購入する場合、店頭では様々な商品が並んでおり、消費者である購入予定者はそのなかから選ぶことになります。希望する商品をすべて使ってみて、使い易さや耐久性を確かめてから購入を決めることができればいいのですが、それでは作り手のメーカーや売り手の販売店では、利益が出ないばかりか大変な手間がかかることになります。そこで、商品知識に詳しい販売員などに相談しながら決めることになります。購入した際に、「その商品は優れていますよ、お客さまの要望を満足させるためのものですよ。」ということを示しているものとして、メーカーの保証書や販売店が付ける保証期間があります。購入して使用したらすぐ壊れてしまった、ということでは不満も出ますが、保証書や保証期間があれば無償で修理できることなどが定められているので、安心して購入することができま

図表序-1　保証の仕組み

情報の発信者 ← 保証による信頼 ← 第三者　　　情報の利用者

これは一例ですが、先に示した「保証」という考え方は広く社会に浸透しているといえます。しかし先の事例では、保証はあくまでも一方的にメーカーや販売店が付けたもので、必ずしも客観性や中立性があるとはいえません。そこで、情報の発信者でも利用者でもない、当事者以外の第三者が、専門的な立場から、情報を何らかの形で保証する仕組みが整っていると、信頼が高まることになります。このような仕組みを「監査」と言い換えることができます。

◆ 監査の仕組みとは？

経済社会や経済活動の中心となるのが株式会社であるといえます。そこで株式会社を中心にこの監査の仕組みを考えていきます。

企業の一連の経済活動をいくつかに分けて説明します。まず企業には例えば食料品などの成分表示・広告宣伝活動やディスクロージャーなどの「経済活動と経済事象についての主張」があります。監査の対象となるのはこれらの主張です。これは、株式会社を代表とする企業や企業集団が、それぞれの目的を達成するため行う様々な経済活動とその活動結果としての情報に該当します。主張という言葉からもわかるように、監査の対象となる情報には、提供者あるいは作成者の主観的な意思や判断が入ります。ということは必ずしも唯一の客観的な情報であるとは限りません。また監査をいくつかの選択肢のなかから選ばれていることも充分に考えられます。

行うにあたって何らかの規範となるものに照らして主張がどの程度合致して信頼できるのかを確認する必要があります。このことから**「確立した基準」**と**「合致の程度を確かめる」**ことが必要になります。

この基準は、主張がどのくらい合致しているのかを確かめることになりますので、社会的に認められたもの、あるいは、合意がどの程度であるのか必要があります。会計の場合、日本では**監査基準**（企業会計審議会による制定）といわれます。また財務会計の世界では会計基準になります。

次に、監査を行う実施当事者すなわち**監査主体**といいますが、実施者は合致度を確かめるために情報に関係する「証拠を客観的に収集・評価する」ことが求められ、さらにその結果を伝えて生かすことで「利害関係をもつ利用者に伝達する」ことになります。このことから、監査主体には**第三者的立場、**すなわち**独立**していることが必要になります。そもそも主張に対して利害関係があるということは利害対立が充分に考えられます。このような状況のなかで監査結果が伝達されることにより、主張の信頼性を高めて利害対立を和らげることが期待されます。

◆ 監査を定義するとどのようになるのか？

監査には、対象となる主張によって様々な種類があります。自治体・学校・病院・労働組合なども含め、お金や物財が関係する様々なところでまた人や企業の活動による結果が利害対立を生むようなところに監査がみられることになります。また税務署の税務調査や会計検査院の検査も広く監査と捉えることができます。また誰が業務実施者になるかで監査を区分することができます。なかでも重要なのは、法律などにより制度として確立している株式会社などの監査になります。

以上のことを踏まえると、監査を定義する場合にいろいろな要素が考えられますが、活動による何ら

かの主張があること、その主張の信頼性を確認できる確立した基準があること、主張と基準の合致の度合いを確かめ関係者に伝達すること、と整理されます。

◆ 企業を取り巻くリスクへどのように対応するか？

さらに、経済活動や経済事象にはリスクが常にともないます。リスクをとってチャンスに変えるなどの使われ方では、機会とか不確実性などの意味でも用いられます。

代表的なリスクとして為替リスクを取り上げます。円とドルなどの通貨間の交換比率である為替レートは自由経済社会のもとでは、資金の需要と供給のバランスや金利・資金移動の状況で、日々変化しています。例えばある時点で1ドル85円が、間をおかずに80円になったり90円になったりします。国際的な企業活動を行っていれば取引のなかにこのようなリスクが入り込みます。そうしたリスクに関する情報をルールにのっとって、評価または測定した結果が、情報として知らされているものかどうか、入手した証拠に基づき、規準に照らして判断した結果を結論として報告する業務が必要になります。これが保証業務、広い意味での監査が必要となる背景になります。

ここでは、基本的に企業である株式会社を想定します。また複数の会社の集合体をさす企業集団も含みます。特に断りのない場合は、企業および企業集団と考えてください。企業は日々経済活動を行うことによって、企業の内外とのお金が増えたり減ったり、また販売する商品が増えたり減ったりします。最近ではサービス産業が多くなりこのタイプの企業では商品が動くというのではなく、サービス

図表序-2　リスクへの対応

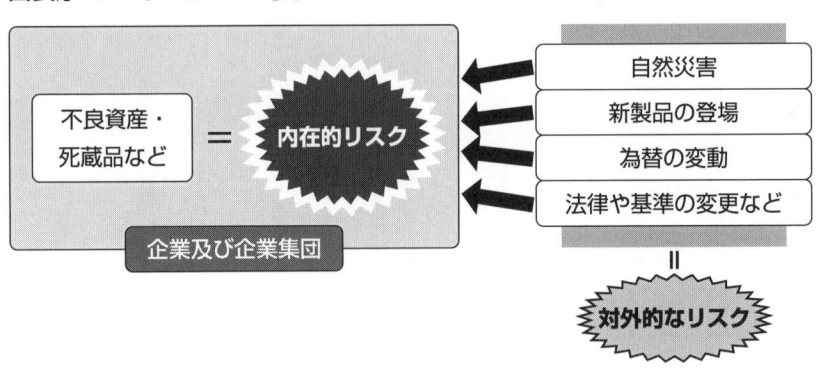

- 不良資産・死蔵品など ＝ 内在的リスク
- 企業及び企業集団
- 自然災害／新製品の登場／為替の変動／法律や基準の変更など ＝ 対外的なリスク

を提供したり提供を受けたりの経済活動をしています。これはサービスという価値を付け加えることによって商売をしているといえます。この結果日々の活動によって、お金・物財・付加価値等が増減していくことになります。

また、ある時点でお金や、商品がどのくらいあるか、注文を受けた活動を履行したのかどうかなどをつかんでおく必要もあります。請求に対してお金が支払えるか、注文に応えられるだけの在庫があるのかなどの情報が必要となります。これらの様々な企業の経済活動による変化を情報として示すのが**会計**といえます。企業活動は社会経済の変化に対応して変わっていくものであり、会計の基本的な考え方も変化していきます。つまり会計とは企業活動による価値の変化を一定のルールにより表現するものであり、その情報に対して信頼できるかどうか判断するのが監査であるともいえます。

序章　6

2 財務諸表と監査

◆ 財務諸表とは?

会計が企業における経済活動を情報として示すことは説明しました。ところでどのような仕組みでその情報を示し利用者へ知らせることができるのでしょうか。企業は毎日の活動をITなどを活用しながら、いろいろな帳簿に記入して、その結果を一定の期間ごとに一覧表にまとめてみることができるようにします。この一覧表を報告する形で明らかにします。この報告書で企業における一定期間の商売の結果と、ある時点の財産や債務の状況などを明らかにします。活動の結果、どのくらいの売上があり、どのくらい儲かったかを一定期間の経営成績として示すのが**損益計算書**、一方財産や債務の状況を一時点の財政状態として示すのが**貸借対照表**です。また一定期間のお金の出し入れを明らかにする**キャッシュ・フロー計算書**も重要な財務諸表の一つです。これらの仕組みを通じて利害関係者に企業の内容を情報として報告することができます。また情報を開示するという点から、法律によって、決算書の作成方法を厳密に定め、利害関係者に対し開示を義務づけているものでもあります。なお、企業集団の決算書として**連結財務諸表**があり、同様に主な財務諸表として、**連結損益計算書、連結貸借対照表、連結キャッシュ・フロー計算書**があります(図表序-3)。

図表序-3　財務三表

B/S	P/L	C/F
貸借対照表	損益計算書	キャッシュ・フロー計算書
資産の部　負債の部 　　　　　　純資産の部	売上高　　××× 売上原価　×××	営業活動によるキャッシュ・フロー

◆財務諸表と監査の関係は？

ここで先ほどの監査との関係をみてみましょう。監査は、主張に責任を負う者が自己の責任において利用者に提示することを前提として行われます。

財務諸表の監査は次のような仕組みになります。企業の財政状態、経営成績およびキャッシュ・フローの状況が経済活動の結果としての対象・主張となり、経営者が主張に責任を負う者として、一定の規範としての会計基準に従って評価および測定し、その結果を利害関係者を主張情報である財務諸表として、利用者である投資者を含む利害関係者に提示します。この仕組みのなかで監査実施主体である**監査人**は、利用者である投資者を含む利害関係者に対して財務諸表に対する信頼性の程度を高めるために、実施者としての作業行動である**監査手続**を行い自ら集め入手した有形無形の根拠である**監査証拠**に基づき、提示された財務諸表が会計基準に従って企業の財政状態、経営成績およびキャッシュ・フローの状況を適正に表示しているかどうかについて監査基準をよりどころに結論を報告することになります。

3 なぜ監査は必要なのか

◆監査の必要性をどのように考えるのか？

信頼性を高めるには、様々な過程・プロセスが必要であることがわかりました。では、どうして財務諸表に対する監査は必要になるのでしょうか。

まず、財務諸表が「事実と慣習と判断の総合的産物」といわれるように唯一絶対的なものではなく、同一事象に対して複数の処理が認められていることやまた最近の財務諸表では、見積の要素がかなりの比重を占めることとなっているため、財務諸表は相対的な性格をもっていると考えられています。財務賭表には経営者の判断結果が必ず入っているといってもよく、何らかの経営者の裁量が入っているのではないかと、利害関係者はその信頼性に疑念をもつことが考えられます。

次に、財務諸表を作成する経営者と利用者である利害関係者に、表面に現れる対立と水面下での対立があると考えられます（**顕在的・潜在的利害対立**）。例えば、表面上は、株主はこれだけ儲かっているなら、もっと配当をすべきであると感じるのに対して、経営者は、確かに儲かっているけれど、将来何が起こるかわからないから、お金を残し、備えておこうと考えることによる対立があります。株主の要求通り配当金を出すのではなく、配当を少なくして会社のなかにけ儲かっているならもっと安くしてくれてもいいのではないかとか、支払いまでの期間をもっと長くし水面下では、取引先は、あれだ

9　3　なぜ監査は必要なのか

てくれてもいいのではないかと思いますが、会社経営者にとってはギリギリの条件で取引しているのかもしれません。

さらに、企業の経済状況や実態を忠実に表現する情報として作成される財務諸表は、利害関係者が例えば取引を開始するとか株式を保有するというような意思決定をするための材料としての有効であり重要である可能性が高いことから、この信頼性に対する疑問は大きくなり、利害関係者としては、財務諸表の信頼性が保証あるいは確保されていなければ、財務諸表を信頼して利用することができないことになります。さらに、最近の国際化の影響を受けて、財務諸表は複雑な会計処理の過程を経て作成されているので、信頼性について専門的能力の備わっていない通常の利害関係者が評価や判断することは技術的にも難しいといえます（**財務諸表の影響の重大性**）。

◆ 関係者からみて監査が必要な理由は？

ところが、次のような理由から、利害関係者が自ら財務諸表の信頼性を確かめることは困難です。まず、経済社会には不特定多数の利害関係者がいるため、財務諸表の信頼性をそれぞれが個別的に調査することは物理的に困難です。また、仮に調査しても、企業機密を保護する観点から見れば、法律的に制限されていますし、むやみやたらに財務諸表の作成過程がコンピュータを中心とするIT機器によることがほとんどですので、むやみやたらにアクセスすることもできず、仮にアクセスしたとしても、システムに対する相当な知識が必要ですし、そもそもそのようなシステムは、通常はブラックボックスとして目でみることはできません（**利害関係者の遠隔性**）。

そこで、財務諸表の調査に必要かつ十分な能力を保有し、かつ監査を受ける会社（被監査会社）から

序章　10

独立の立場にある公認会計士が、財務諸表の信頼性を検査・評価して利害関係者に報告するという、財務諸表を監査する制度が必要となってきます。

しかし、これらのコストは誰が負担するのかという問題があります。現在は被監査会社が負担することになっていますが、独立した第三者が、そもそも対象となる企業からお金を受け取って本当に監査ができるのかという、長年の課題があります。

◆ 監査結果はどのように伝えるのか？

財務諸表監査において、監査を行う者による報告は**「監査報告書」**とよばれる文書（紙面もあれば電磁的記録もあります）により行われます。この報告書において財務諸表に対する監査人の意見や結論が示されることによって、利害関係者に対して、財務諸表の情報としての信頼性の程度につき保証が与えられます。そこで利害関係者の利用する意思決定に役立つ情報が仮に誤っていた場合は、それが原因であれば、不当な不利益を被った場合は保護されることになり、利害関係者はリスクから身も守ることができ、こういった意味で保護されていることになります。

◆ 企業内で行われる様々な監査とは？

今までは、企業の作成する財務諸表監査について、みてきましたが、企業内においてはさらに代表的な監査として、監査役監査と内部監査があります。監査業務を行う主体として**監査役**（監査役会・監査委員会）と**内部監査人**がいます。必ずしも財務諸表を対象にするものではありませんが、企業内における**監査役監査**と、企業内の業務処理がルールに則って実施されている取締役の業務執行などを対象とす

3　なぜ監査は必要なのか

るかどうかをチェックする**内部監査**があります。これらの監査は企業内の業務の監視（モニタリング）機能を有しています。これらの監査の結果が、保証するに足りる状況であれば、適正な活動が行われていることになり、そこから生み出されてくる財務諸表も信頼することができることになります。それぞれが仕組みが異なるものですが、必要性があるからこそ、機能しており、監査役監査は会社法で規定され、内部監査は上場規則や社内規定に定められています。

4 経営者が作成した財務諸表を監査する意味（二重責任の原則）

◆ 財務諸表監査の基本的な考え方とは？

監査の仕組みからもわかるように、財務諸表監査において基本となる考え方があります。主張として監査の対象となる財務諸表は企業および企業グループが法律に準拠して作成し開示公表することになっています。

財務諸表としては、個別財務諸表・連結財務諸表等がありますが、財務諸表の作成責任は、**経営者**にあります。経営者の主張である財務諸表を作成し開示するのは企業経営者になりますので、財務諸表の作成責任は、**経営者**にあります。経営者の主張である財務諸表が、信頼性の程度を確かめるために、これらの主張に関する証拠を客観的に収集・評価し、その結果を、利害関係をもつ利用者に伝達するのが監査の実施者である**監査人**になります。つまり、監査人の責任は、監査の目的である財務諸表が適正に表示されているかに関する意見を表明することにあります。現在の開示・ディスクロージャー制度においては、財務諸表の作成責任は経営者に、財務諸表に対する意見の表明責任は監査人にあります。このように責任を明確に区別するきまりを**二重責任の原則**とよんでいます。

◆二重責任の原則はなぜ必要か？

二重責任の原則が必要とされる理由としては、経営者側からと、監査人側から考えられます。経営者側からは、株式会社の場合、経営者は基本的に資金を調達し運用する過程をとおして利益を計上し、債権者に対しては、元本と利息の支払いを、出資者に対しては配当を支払うことによって責任の履行を図ることになります。この受託責任を果たすには自らの履行責任を説明・報告する義務（**アカウンタビリティ**）が生まれてきます。そのために、経営者が自ら、経営成績・財政状態・キャッシュ・フローの状況をあきらかにするために種々の財務諸表を作成する必要があります。一方、監査人側からは、監査人自らが、経営者に替わって財務諸表を作成して自害関係者は納得しないでしょう。そうしなければ、企業外部の利らが作成した書類を自ら監査し、それに保証を与えれば、**自己監査**という矛盾を起こしてしまうことにして一定の保証を与えることになりますので、監査人自らが、経営者に替わって財務諸表を作成して自なります。つまり監査人が財務諸表を作成し、自分で作成した財務諸表に自分で適正であるという意見を表明してしまうと、利用者は信頼することができないでしょう。最近ではこの原則を改めて重視する傾向があります。

序章　14

5 経営者の役割と内部統制

◆経営者の役割～財務諸表に対する責任とは?

経営者は、会計基準に従って適正な財務諸表を作成するべき責任を負っています。といっても経営者自らが決算書である財務諸表を作成しているわけではもちろんありません。企業には、作成を担う部門である経理部・財務部といった部署が中心となって財務諸表を作成します。会社法では、財務諸表を会社の機関である取締役会等が承認し株主等に開示することによって経営者が作成する責任を負担しています。

また、ほとんどの企業は、コンピューターシステムをはじめとするIT機器を利用して、財務諸表を作成しています。そのため、財務諸表の適正性を損なう**重要な虚偽の表示**を防ぐべき第一義的な責任も経営者にあることになります。経営者は、そのための仕組みとして内部統制を適切に整備し、継続的に有効に運用するべき責任を負担しています。

◆経営者の役割～財務諸表を作成する仕組みに対する責任とは?

内部統制とは、「事業経営の有効性と効率性を高め、企業の財務報告の信頼性を確保し、かつ事業経営に係る法規の遵守を促すことを目的として企業内部に設けられ、企業を構成する者のすべてによって運用される仕組みである。」といわれています。

内部統制は、経営者が自ら負担している経営責任を果たすために、適正な財務諸表の作成を含め、様々な企業目的を達成するために経営者自らが企業内に設定するものです。この財務報告の信頼性を確保することを目的とした内部統制が有効であれば、財務諸表の重要な虚偽の表示は、内部統制によって防止・発見・是正される可能性が高まり、また監査もこれらに依拠して行うことになりますので、重要な要素と考えられます。大規模企業ではＩＴや内部統制が充分に機能していないと信頼性のおける財務諸表の作成は困難になりますし、また監査もこれらに依拠して行うことになりますので、重要な要素と考えられます。ただし内部統制は、経営者が企業経営上の効果と費用のバランスを考えて、あくまで合理的な水準で機能するものとして構築され、また経営者がその構築主体である以上、内部統制が企業目標を達成する機能にも限界があります。

序章　16

6 監査を取り巻く当事者

◆ 監査を取り巻く関係者とは？

経済社会における財務諸表監査を取り巻く関係者である、経営者・利害関係者・監査人の3つの立場を整理しておくことにします。

まず企業**経営者**は、会計基準に準拠して、適正な財務諸表を作成して情報として開示することになります。つまり企業の状況について、判断を誤らせないようにするため、必要な事実を会計情報としてまとめ開示する役割があります。**利害関係者**は企業に何らかの関係をもっていますので、経営者の作成開示した情報をもとに、自らの行動のために、意思決定をすることになります。**監査人**は、監査基準に準拠して、監査の作業・手続を行い、意見や結論を報告することになります。つまり経営者の作成する財務諸表が情報としてどの程度信頼できるのかを保証する役割があります。ここで監査人は通常、公認会計士（監査法人を含みます）を指しています。

公認会計士は、監査および会計の専門家として、独立した立場において、財務書類その他の財務に関する情報の信頼性を確保することにより、会社等の公正な事業活動、投資者および債権者の保護等を図り、もって国民経済の健全な発展に寄与することを使命とする、と**公認会計士法**に定められており、財務諸表監査の唯一の担い手になります。また**監査法人**は、公認会計士の業務を組織的に行うことを目的として、公認会計士法に基づき設立された法人をいいます。

図表序-4　財務諸表監査の全体像

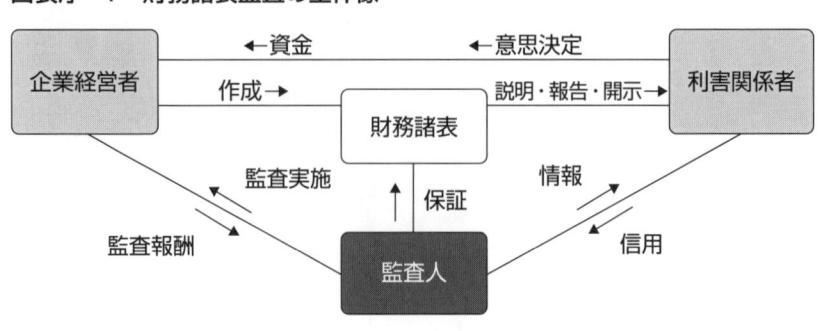

```
企業経営者 ←─ 資金 ──── ←─ 意思決定 ── 利害関係者
         ── 作成 →  財務諸表  説明・報告・開示→
         ↖ 監査実施    ↑保証      情報 ↗
           監査報酬    監査人      信用
```

◆監査当事者間の関係は？

まず、経営者と監査人は、監査・被監査の関係にあります。つまり監査を受ける側である経営者と監査を行う側の監査人になります。経営者と利害関係者は、経営者は利害関係者から何らかの便益を受ける可能性があることから、その受けた便益をどのように活かすのか、あるいは受けた便益をどのように活かしたかもしくは受ける便益をどのように活かすのか、経営者としての責任を結果として説明するために財務諸表として情報を開示します。利害関係者はその情報で何らかの行動の意思決定を行うことになります。監査人と利害関係者は保証・被保証の関係になります。監査報告書を通じて監査人は財務諸表に対して保証を与えます。利害関係者はその報告書により財務諸表の信頼の程度について保証を与えられることになります。

◆企業内の監査主体は？

企業内における監査実施者である**監査役**は、会社法に定めがあり、日本の株式会社において、取締役等の業務を監査する機関とされています。一方、**内部監査**は、組織体の運営に関し価値を付加し、また改善するために行われる、独立にして、客観的なアシュアランスおよびコンサルティング活動である（日本内部監査協会）と位置づけられ、これを実施するのが**内部監査人**となります。

序章　18

第1章

経営と監査

1 経営を取り巻く環境―ガバナンス・不正・粉飾―

◆ガバナンス（企業統治）の考え方

企業経営において最近特に重視されている考え方に**ガバナンス**があります。ガバナンスとは簡単にいうと、企業や企業集団を、法律を守りながらうまく運営していくこと（企業統治）です。

ガバナンスを実行するには、**コンプライアンス**（法令遵守）を維持し、業務を円滑に進める仕組みを組織内に整備運用する必要があります。不正や不祥事を起こさず、また発生を防ぐ組織を作り維持していくことになります。このなかにはリスクに対してどのように対応管理していくかという**リスク・マネジメント**も含まれます。会社の経営だけではなく、自治体の運営やITの活用などにも当てはまります。

ガバナンスは、民間企業の場合、法令遵守や企業内の仕組みとしての報告・連絡・相談・承認・牽制など内部統制や内部監査、外部の株主や監査役の監視体制の意味で使用されることも多くなっています。ITでは、組織がITの導入や改善にあたりその目的を明確にして、費用対効果やリスクを測定し、ITを組織にとって最適な活用方法にしていくことを意味しています。これらが、きちんと履行されているかを検証・監視していく過程のなかで監査役監査や内部監査とも密接に関連してくることになります。

◆不正や粉飾は何故なくならないのか～防止するには

不正とは正しくないことを意味しますが、企業の経済活動から考えると、ガバナンスがうまく機能していれば、不正は未然に防げます。しかしマスコミ情報などからも、不正は様々な局面で起こっており、水面下のものを含めると数多く起こっていると思われます。企業会計に限ると、**不正**とは、財務諸表における意図的な虚偽の表示のことをいいます。特に、不当な利益を得るために、関係者を欺く行為を含んでいて、それを行うのは、経営陣である取締役等、監査役等、従業員または第三者であって、意図した行為です。不正には通常、**不正な財務報告**と**資産の流用**などがあります。資産の流用は、例えば、会社の文房具の持ち帰りから、金品の詐取まで種類・範囲が様々です。不当なまたは違法な利益を得る意図があるため、なかなか撲滅できないでしょう。

企業会計の側面では特に、不正な財務報告が問題になります。計上すべき金額を計上しないこと、または必要な開示を行わないことを含み、財務諸表の利用者を欺くために、財務諸表に意図的な虚偽の表示を行うことを意味しています。この状態を**粉飾**といいます。粉飾されている財務諸表に基づき意思決定する利害関係者は大きな損害を被るおそれがあります。これらを防止する意味で、監査が機能することになります。内部統制の構築・運用、内部監査部門による業務のチェック、監査役による監査や会計監査人による監査などに防止の役割を担わせることになっています。

2 財務諸表と監査

◆経営者の監査への期待―警鐘か、決算書の「お墨付き」か？―

経営者は監査に、何を期待するのでしょうか、あるいは期待すべきなのでしょうか？ まず、会計監査について考えてみます。監査契約締結や監査人交代の際に監査人が経営者に挨拶する場面で、多くの経営者は「専門家からみて問題があれば、遠慮なくご指摘を」とのメッセージを伝えるでしょう。しかし、このメッセージの真意は、経営者のガバナンスに対するスタンス次第で異なります。

例えば、経営の現状と課題を利害関係者に等身大に伝えようとする経営者であれば、監査人と経営課題について情報を共有し、専門家である彼らからのアドバイスに耳を傾け、意見を経営やディスクロージャーの改善の参考にすると考えられます。また、社内の経理部門に頼りない印象を抱く場合も、会計監査を経営管理の重要な機会として活用しようとします。

ところが、自分に都合のいい情報だけみせておけばいいというスタンスの経営者であれば、「遠慮なくご指摘を」とのメッセージは社交辞令であり、経営課題から監査人を遠ざけようとします。財務諸表の本質を「自分で書ける通信簿」と理解していれば、「会計士には決算書にサインだけさせておけばいい。詮索したり、決算に注文を付けたりする監査法人は替えればいい」と言い放つ経営者もいると考えられます。

図表 1-1　経営者の監査へのスタンスは？

（貴重なアドバイスをお願いします！）

（会計士にはサインさせるだけでいい！）

（わが社のガバナンスに対するスタンスはどちら寄りだろうか？）

経営者の実際のスタンスは、このように二分されるほど極端ではないでしょうが、経営者や自社がどういう構えで監査人と接しているかを振り返ってみてはいかがでしょうか？　特に、会計監査への期待が決算の「お墨付き」のみの場合は、序章で述べた監査の保証機能を思い出して、経営への積極的活用をお勧めします（図表1－1参照）。

監査役や内部監査スタッフへの期待についても、同様に、経営者のスタンス次第で異なります。監査役は、会社の存立にかかわる重大な法令違反やその予兆を発見し、経営者に諫言することを重要な役割として担っています。したがって、経営者が監査役を疎んじてしまえば、万一の際の備えが無駄になりかねません。

内部監査スタッフも、コンプライアンスの監視役として役に立つだけでなく、業務の品質や効率について現状を把握・分析し、経営者に課題を示す役割を期待できます。内部監査部門を組織上どう位置づけ、スタッフに誰を配置するかは、品質管理部門などとの関係や人材配分から簡単ではありませんが、有効活用を考え

るべきです。

ここでは、監査に「警鐘」を期待して、公認会計士（監査法人）、監査役、内部監査スタッフを活用する経営者のスタンスを前提に、経営と監査、特に会計監査との関係について、経営課題への監査の対応、日常の監査への対応、監査人とのコミュニケーションのとり方、公認会計士の活用などをテーマに選んでお話します。

◆ 経営課題への監査の対応

企業内外の環境変化によって、様々な経営課題が発生し、経営者はそれらの経営への影響を的確に把握し、解決策を迅速に決定・実施しなければなりません。環境変化のスピードが速く、事業や組織の規模が大きくなればなるほど、経営課題への対処は経営者の独力では難しくなり、チームプレーで取り組む必要性が大きくなります。監査人、監査役、内部監査スタッフもこのチームプレーに参加することがあります。

監査人がかかわる経営課題の例をあげます。法令・会計ルール変更への対応、外部との事業・資本の提携、事業・事業所の再編、不正経理の防止、設備の想定以上の劣化にともなう大規模修繕、異常気象にともなう農産物被害、土壌汚染物質の除去などです。これらの経営課題への対処を監査人とともに進める際に、留意すべき点を2つ示します（図表1-2参照）。

1つ目は、法令や会計ルールの変更がある場合、これらの変更の財務諸表への影響を先入観や部署の利害に惑わされることなく、的確に把握することです。法令や会計ルールの変更のインパクトを一部の書籍が誇大にまたは不正確に伝えたり、経理部門以外の部署のスタッフが自分や自部署に有利に誘導し

第1章 経営と監査　24

図表1-2 経営課題対処の留意点

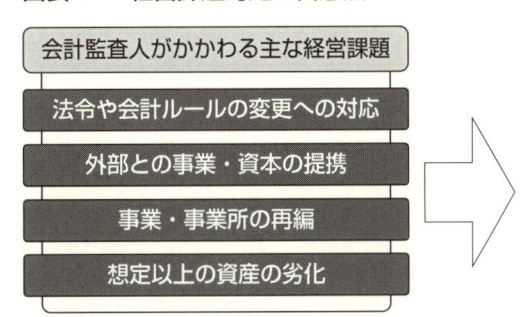

会計監査人がかかわる主な経営課題
法令や会計ルールの変更への対応
外部との事業・資本の提携
事業・事業所の再編
想定以上の資産の劣化

⇒
- 法令や会計ルールの変更の影響を的確に把握
- 見積りから恣意性を排除

たりすることがあります。経営者は、これらの雑音に惑わされずに、信頼できる経理スタッフまたは監査人から、変更内容とその影響を財務諸表などの項目に計上しなければならないか、どの事業年度にどの程度の金額を財務諸表を確認する必要があります。つまり、どの事業年度にどの程度の金額を財務諸表などの確認相手が真のプロであれば、わかりやすく解説してくれますから、経営者は納得いくまで問い続けたらいいのです。なお、経営者は納得がいく説明があれば、受け入れなければなりません。「結論が気に食わないから、同意できない。」「損失計上を自分の任期より後に延期できないか？」は、悪あがきでしかありません。加えて、経理スタッフを経営者と会計監査人の間の板ばさみに追い込み、最悪の場合は粉飾決算が発生しやすい風土ができかねません。

2つ目は、引当金などの見積りから恣意性を排除することであり、計算のしかたによって結果が大きく変わる可能性があります。まず、退職給付債務を例にとると、見積りができる専門家「年金数理人」や専用ソフトを活用すれば、見積りの結果は信頼でき、会計監査人による検証も比較的容易です。一方注意すべきは、企業の外に見積りができる専門家がいない場合です。会社内の専門家が事業所閉鎖にともなう損失の額、劣化が進んだ設備の追加修繕費の額、災害による農産物の被害額を計算した場合を想像してください。その

計算プロセスが関係書類や常識に照らして合理的かどうかを確認することは監査人にはできますが、関係帳簿や証憑との帳尻あわせが行われていたり、「見積りを的確に行うためのデータが現時点では揃っていない」と専門部署の技術者が言い切ったりすればどうでしょうか？ 監査人には専門家を利用しても検証できない場合があります。この帳尻あわせや言い切りを行うべきかの判断は、経営者や経理スタッフの見識や職業倫理次第ですが、節度を越えた企業内見積りや見積りの放棄は、結局は、後年度の財務諸表への悪影響や企業全体や経理部門に対する不信感というツケを残すことになりかねません。

監査役監査や内部監査にとっての経営課題への対処については、会計監査と重点が異なります。監査役監査の重点は、経営判断に法令違反がないか、企業内のコンプライアンスを阻害していないかです から、経営課題の解決策が法令上許容されるか、社内の風通しの悪さが悪い情報の報告を阻害していないか監視しなければなりません。内部監査では、法令や社内ルールの改正を、さらには業務執行上の自社の弱点をあらかじめ把握しておき、ありのままの事実を確認していく必要があります。

◆日常の監査への対応

日常の監査は、公認会計士（監査法人）監査・監査役監査・内部監査の3種類の監査のいずれも、監査計画をあらかじめ定め、計画に基づいて、関係帳簿や証憑・現物の確認、関係者へのヒアリングを積み重ねていくことであり、これらの着実な実施が当然大切です。このプロセスにおいて、3種類の監査に共通するキーポイントが2つあります（図表1－3参照）。

1つ目は、監査を受ける側が事実を隠したり都合のいい情報のみを提供したりすることを戒めることです。ありのままの事実が等身大に提供されなければ、膨大なヒト・モノ・カネを監査に投じても、目

図表1-3　日常の監査への対応のポイント

- 隠したり、都合のいい情報のみの提供はダメ
- 窓口となる担当者が「通訳」の役割を果たす

的は達成できません。さらに、監査で認識された企業の現状が、経営者の判断を誤らせかねません。

しかし、事実をそのまま監査に提供することが徹底できない場合があります。監査を受ける部署の従業員が自部署の利害や上司との関係を優先することがあるからです。監査人も監査役も内部監査部門のスタッフも、彼らにとっては「よそ者」です。ですから、彼らに働くかもしれません。例えば、法令や社内規程の不遵守を隠し、売掛金の回収可能性が低いことを取り繕おうとする意識が従業員に働くかもしれません。

もし、監査を受ける部署の幹部が監査に非協力的である場合は、この懸念を看過できませんから、彼らに対して、経営者は監査への協力の意義を説くとともに、厳しく対処することも必要です。

2つ目は、監査を行う側のスタッフに求められる役割です。監査を受ける部署と直接コミュニケーションをとる窓口となる担当者に、「通訳」になってもらうことです。監査人も、監査役も、内部監査部門の幹部も、その部署の業務内容や専

27　2　財務諸表と監査

門知識を十分には把握していません。一方、監査を受ける側の従業員も、「わかりやすく説明してください。」とお願いされても、どの程度噛み砕けばいいか見当がつかない場合があります。そんな時に、専門用語を専門家以外にもわかる言葉に置き換えることが監査側のスタッフに求められます。この役割は、部署ごとに用いる技術が細分化・高度化すればするほどますます大切になり、「通訳」をきちんと務めることが、監査の質や効率の向上、監査を受ける側の部署や監査人などから信頼を得ることにつながります。

◆ 監査人とのコミュニケーションのとり方

経営判断レベルでも、日常業務レベルでも、課題への対応に会計監査を活用するための必要条件は、監査人への十分な情報提供です。この情報提供を円滑に行うには、会社のどの役員、従業員が、いつ、何について、監査人と情報のやりとりをするかというコミュニケーションの仕組みづくりが大切です。

ここでは、いくつかの切り口ごとに、コミュニケーションの仕組みづくりについての着眼点を記します。

まず、会社の役員および従業員の階層ごとに考えてみましょう。役員とのコミュニケーションについては、頻度や形式は会社の規模や成長段階によって様々でしょうが、ポイントの1つは、会長や社長など会社の経営に最終的責任をもつ経営者とフランクに話し合える関係を築いておくことです。経営危機や経営の重要な分岐点に直面して初めて監査人と意見を交わしても、実際には難しいと考えられます。ましてや、経営者が監査人の意見やアドバイスを即座に受容することは、CFOから報告を受けている情報と監査人から初めて聞く事実認識や見解が異なることがあれば、なおさらです。したがって、困った時の相談が監査人から有効に機能するように、平時から、両者が情報や意見の交換を行う機会を

設けておくことが望まれます。機会の設け方について、**経営者の確認書**の授受を例にとります。この確認書は経理部を通じて監査人に交付すれば済みますが、敢えて経営者から監査人に手渡ししてもらい、その際に雑談や会計ルールなどの動向についてのレクチャーの場を設ければ、フランクなコミュニケーションの基盤が整います。

監査役とのコミュニケーション機会も大切です。監査人とともに会社に警鐘を鳴らす役割を分担しているわけですから、両者が「膝をつきあわせて」話せる機会を決算期以外にも作っておくことをお勧めします。

CFOまたは経理部長、経理部メンバーと監査人のコミュニケーションの場合は多くなりますが、経理部、監査法人ともに若手のメンバーがいる場合は、例えば経理部の若手なら監査法人のベテラン会計士と懇談の機会を設けてみてはいかがでしょうか？　それぞれの組織の将来を担う若手メンバーには、貴重な体験になります。

他の切り口として、成長途上の会社における監査人との関係づくりがあります。成長期の会社は、事業の中核を担う部署に優秀な人材を集中的に投入せざるをえず、また経理スタッフの経験が乏しいという傾向があります。この傾向の下では、会社の存亡や成長の阻害にかかわる大きなトラブルが発生しかねません。大きなトラブルとは、例えば、海外プロジェクトの頓挫、着服、多額の売掛金の回収不能です。こういったトラブルの芽を摘み、発生確率を下げるには、経営者が日頃監視できない業務執行体制に大きな穴が開いていないかについて、監査人から定期的に報告を受ける場を設けたり、組織間、上司・部下間の牽制の仕組みについて要点をレクチャーしてもらったりすればいいでしょう。

2　財務諸表と監査

◆公認会計士の活用方法は？

会計監査以外にも公認会計士を企業が活用する方法があります。企業買収や事業の売買の際に、売買の適正価格や相手方に内在するリスクを、海外進出の際に進出先の国の会計制度や税制を、調べてもらうことがあります。これらのサービスに委託すれば、専門家の知識やノウハウをタイムリーに活用することができます（「**アドバイザリーサービス**」とよばれます。）を会計監査と別にお願いすることが有効な場合があります。以下では、アドバイザリーサービスのうち公認会計士が強みを発揮しやすい例を3つ紹介します（図表1-4参照）。

1つ目は、社内経理制度整備の支援です。成長途上の企業では、業務執行体制が創業期の個人プレー依存から脱皮できず、「丼勘定」で利益管理体制が未整備であったりします。成熟企業でも、不正経理発生の懸念が残っていたり、社内経理制度が乱れている場合があります。企業合併の際の社内経理ルール統合が不十分で複数のルールが矛盾を抱えて並存していること、システム取替や組織改正を急いだため社内規程や業務分掌が未改正であること、などです。このような社内経理制度の乱れに対しては、社内経理ルールのあるべき姿の検討、社内規程の制定・再編成、権限・責任の適正配分を行うための助言、などを経験豊富な公認会計士にお願いすることが有効な場合があります。

2つ目は、スタッフ教育に公認会計士を活用することです。従業員の年齢構成に偏りがあったり、企業の成長に経理スタッフ補充が追いつかなかったりする場合、いている従業員の会計・税務知識の戦力強化が必要です。また、経理部門に生産性の抜本的改善を求める場合、既存の従業員の会計・税務知識の飛躍的向上が必要です。これらのニーズに応える方法の1つが、短期間の集中研修で、このような研修のノウハウを蓄

図表1-4　公認会計士の活用方法の例

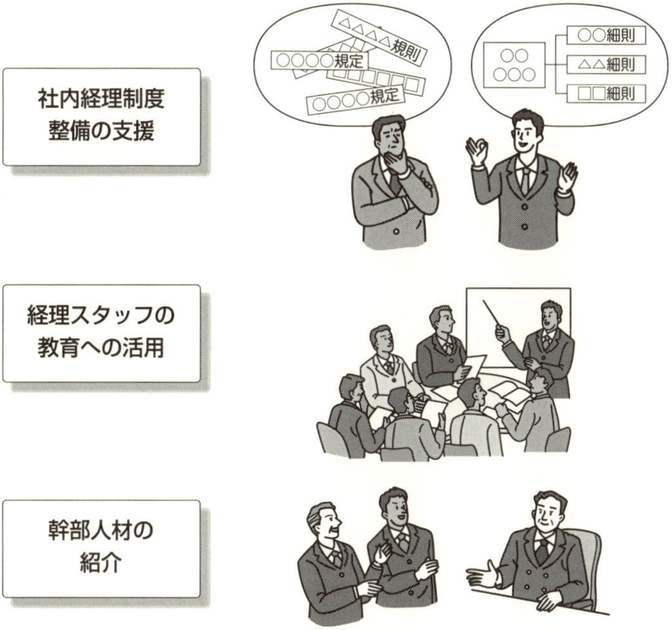
社内経理制度
整備の支援
△△△△規則
○○○○規定
○○○○規定
○○細則
△△細則
□□細則
経理スタッフの
教育への活用
幹部人材の
紹介

積している監査法人もあります。経理要員の質の増強を望む経営幹部は、監査法人に相談してみるといいでしょう。

もう1つは、幹部人材の紹介です。監査役、ＣＦＯ、経理部長などの幹部人材となると、適任者に巡り会うことは、人材紹介会社経由でも容易ではありません。一方、公認会計士は、経験が豊富で監査法人を通じて多くのクライアントと接していれば、幹部人材を求める企業の具体的ニーズや風土も候補者の実力のレベルや人柄も把握しやすいでしょう。したがって、求人と求職をマッチさせやすいと考えられます。

◆会社の成長に監査は役立つか？

会社の成長に監査が役立つかには様々な意見があるでしょうが、持続可能な成長を望む場合、経理・財務部門は会社の要の一つであり、事業や組織の規模が大きくなる前に、創

業メンバー個人の力量に頼らず、組織で成果をあげるための備えが必要です。具体的には、経理・財務部門の基盤を、業務執行ルール、組織体制、人材などの面で整備しておくことです。これらの取り組みに人的資源が不足する場合は、パートナーとして公認会計士が注目されます。例えば、株式公開を目指す会社で、創業の志や成長戦略を経営陣全員では共有できていない状態を考えてみましょう。この場合、初期の段階で将来の経営基盤強化につながるルール整備、リスク選別、恣意の排除を進めておくことが望ましく、「つかず離れず」で冷静に会社に寄り添う公認会計士に支援を求めておけば、経営危機を克服しやすく、上場審査の際に既存の秩序に大鉈を振るわずに済みやすくなります。

3 内部統制と監査

◆ 内部統制の意味は?

統制という言葉には、一定の計画や方針に従って指導・制限することという意味があり「言論統制」という使われ方もあります。指導・制限する意味から、チェック機能や防止機能を意味しているとも考えられます。そこから**内部統制**とは組織のなかにおいて、その業務が適正かつ効率的に行われるようにするための仕組みであるといえます。

例えば、営業マンが出張旅費を仮払いして事前に受け取り、出張後に精算する場合を考えると、出張の目的から、行き先、経路・宿泊所・日当などを申請して一定金額を受け取り、戻ると出張報告書を元に金額を精算します。この過程のなかで、上司の承認や金銭入出処理・証憑チェックなど、不正が起こらないように様々なチェックの仕組みが企業内に構築され、運用されています。

◆ 具体的な内部統制の運用

具体的に検討してみましょう。出張申請書の様式が決められていて、そのとおり事前に記載されていて、上司の承認印が押されているかがチェックポイントになります。様式の決定は、監査役が業務の執行の側面から業務体制が整備されているか監査することになるでしょう。また押印が適時適正になされ

ているかは内部監査で検証することになります。また、現金の受け渡しに関して会計伝票の起票と入出金の担当者が明確に区分されていて不正や虚偽の表示につながらないかは会計監査の領域ということができます。

先の事例のような仕組みを総合したものが内部統制であり、これがうまく機能しているかどうかを監視して、状況に応じて改善する責務が経営者にあります。組織内で不正・違法行為・誤謬・錯誤の発生を防止し、組織が有効に運営されるように、会計に関する業務を含む様々な業務に関する規則・覚書・プロセスを規定・運用するとともに、そのリスクの評価を継続的に行うことなどにより確立されます。

特にIT情報システムの構築などへの対応も求められます。1990年代に米国で内部統制の重要性が提唱されるようになり、日本では主として投資家保護のため財務報告の適正化を目指して法制化され、金融商品取引法・会社法などに規定されています。

4 経営管理と監査

◆ 管理会計と財務会計の区分（会計の種類）

会計は、報告書の種類によって、企業経営者に対して企業経営に有用な情報を提供する**管理会計**と、企業の利害関係者に対して企業外部の利害関係者に対する意思決定に有用な情報を提供する**財務会計**の2つに分けられます。財務会計は企業外部の利害関係者に対して、企業活動実績を報告しています。管理会計は、経営者と管理者に対して、経営管理に有用かつ必要な会計情報を提供しています。両者は常に連動していますがその目的の違いから時として財務会計と管理会計で、利益の金額が異なることも出てきます。

これらの報告書が正しいという保証はどのようになっているのでしょうか。財務会計の報告書の代表である財務諸表には監査人（会社の規模によっては監査役）の監査が実施されます。また財務会計は経営者や管理者にとって意思決定を行うには情報量が少なく、管理会計に**経営管理**に必要な情報を積極的に求める側面があります。会計は数字を媒介として、情報を受け渡ししていますが、そのうち管理会計は経営管理に必要な会計情報を提供するための会計ということができます。そのため、保証の仕組みは経営管理に必要な会計情報を提供するための会計ということができます。そのため、保証の仕組みは経営管理に必要な会計情報とは異なり、外部の監査人の監査ではなく、監査役の業務監査や内部監査がその役割を果たすことになります。

35　4　経営管理と監査

◆財務会計・管理会計の接近と監査

最近では、国際会計基準とのコンバージェンスや実態開示の観点から、財務会計と管理会計の接近（ボーダーレス化）が進んでいます。すなわち、財務諸表が将来の見積を現在に置き直すことが多く、税効果会計における繰延税金資産の回収可能性の検討や退職給付債務の計算局面などに、従来では管理会計でしか用いられなかった手法が使われるようになってきています。そのため、監査においてもより実態に応じた監査が必要になり、財務諸表に実態開示を要求すると、そこには見込み見積もりの要素が必ず介在しますので、その過程のなかで、計画・予算といった独自の管理項目が財務会計に現れてくることになってきています。

また、管理会計は財務会計と**有機的に関連**しており、独立して存在しているものではありません。管理会計は会社内部のルールであるため、直接には法律や制度の規制は受けませんが、間接的には、財務会計との関連から法律や制度の影響を受けることになります。

第2章

監査の概要

1 上場会社と監査（金融商品取引法監査）

◆ 株式上場

　ベンチャー企業の経営者には株式を証券取引所等に上場することすなわち株式上場を一つの目標とする人がいます。それは、自らが会社を興して、出資し、ビジネスモデルを成功させ、株式上場により、保有株を市場で売却し、創業者としての莫大な利潤を獲得することが可能になるからです。どんな会社でも自由に上場できるわけではありませんが、必ずしも利益が出ていなければならないというわけでもありません。上場により、機動的に資金調達ができ、また社会からの信頼や名声を得るなどのメリットがあります。一方、上場へは、様々な審査を受けるなど上場基準を満たしたうえで、監査等の厳しいチェックを受けて初めて到達することができます。また、一度、上場すると、開示書類を適時にかつ継続的に公表することが求められる一方、監査人の意見によっては上場廃止になる場合もあります。なお、上場に関しては金融商品取引法によって制度化されています。

◆ 金融商品取引法監査制度

　日本における公認会計士監査は、証券取引法（現在の金融商品取引法）の下で制度化されました。現行の**金融商品取引法**は投資者の保護を目的としており、証券市場において発行されまた流通する有価証

券の取引を投資者が行うにあたって、有価証券の価値を適切に判断するための意思決定情報を必要かつ十分に開示することを求めています。上場会社等に対して財務賭表を含む企業情報の開示を発行市場においては**有価証券届出書**、流通市場においては**有価証券報告書**等で義務づけ、なかでも重要性が高い意思決定情報である財務諸表について、その信頼性を担保するため、公認会計士または監査法人による監査証明を受けることを義務化しています。

◆証券取引所における開示制度

金融商品を取引する市場の機能として、投資家の有価証券による運用と企業の有価証券の発行による長期安定資金調達とを結び付けることによって、経済の発展に資することがあげられます。機能が充分に発揮されるには、市場の公正性と健全性に対して、投資者の信頼が確保されていることが必要になります。このためには有価証券について適切な投資意思決定できる判断材料が提供されていることが前提となります。このような投資判断材料の提供の機能を果たす制度として、金融商品取引法に基づく法定開示制度（**有価証券届出書、有価証券報告書、四半期報告書**など）と、金融商品取引所（証券取引所）における**適時開示制度**があります。適時開示制度は、金融商品取引所の規則により、重要な会社情報を上場会社から投資者に提供するために設けられているものであり、投資者に対して、報道機関等を通じてあるいはインターネット等を通じて直接に、広く、かつ、タイムリーに伝達するという特徴があります。これらの制度は法定開示制度が監査による保証を求めているのに対して、取引所の規則による開示制度（**決算短信等**）は必ずしも監査は求められていません。

取引所においては適時に発生する各種の企業情報によって売買価格・数量が大きな影響を受けること

投資家にとって、適時開示は重要なものとなっています。特に、最近のように、企業を取り巻く環境やリスクの変化が激しい時代にあって、投資家が適切な投資情報を入手するためのいっそうの環境整備が求められているなかで、最新の会社情報を迅速、正確かつ公平に提供する適時開示の重要性が、ますます高まっています。

◆ 四半期開示と簡易な監査

企業を取り巻く経営環境の変化が激しいため、企業の業績や財政状態等も短期間で大きな変化をするようになっています。そこで、企業業績等に係る情報をよりタイミングよく開示すること（適時性・迅速性）が望まれるようになり、四半期財務諸表の開示が制度化されました。開示にあわせて、その信頼性を確保するために年度の財務諸表について監査を実施する監査人が業務を行うことを前提として「監査」の保証水準とは異にする業務として「レビュー」を行うことが制度化（四半期財務諸表のレビュー）されています。簡潔にいえばレビューは簡易な監査ともいえるでしょう。ただし、取引所における四半期決算短信の開示に対しては、情報開示の迅速化の観点からレビューの対象にはなっていません。

◆ レビュー制度とは？

レビューとは、開示される財務諸表が会計基準に照らしてみて特に修正を必要とする重要な事項は見当たらなかったことを、限定した手続により消極的な形式で報告する業務であるといえます。これを消極的形式による結論の報告といい、監査の積極的形式による結論の報告と区別しています。レビューと監査とは、独立性を有した職業的専門家のみが限定して実施する点や、会計基準を判断のよりどころと

第2章 監査の概要　40

して、監査人が自ら入手した証拠に基づき判断した結果を報告する点では共通しています。しかし、レビューは、保証水準としては監査とは明らかに異にして監査ほど水準が高いとはいえません。また、レビューにおける手続も監査を基本に限定した範囲で行うことを想定していて、年度で行う実査、立会、確認といった手続は予定されていません。**質問**および**分析的手続**を基本に限定した範囲で行うことを想定していて、年度で行う実査、立会、確認といった手続は予定されていません。

財務諸表監査において、その保証水準を担保するとともに監査人の責任を明確化するために監査の基準が設定されていることに対応して、レビューについても、その制度化にあたってその基準が必要となります。企業会計審議会は、四半期レビューにおいて準拠すべき基準として、「**四半期レビュー基準**」を設定しています。

年度の監査を前提として四半期レビューを実施するものですので、監査人は年度監査とうまく組み合わせて四半期レビューを実施することにより、被監査会社の財務諸表に関する重要な虚偽表示にかかわる情報を入手する機会が増えるなど、監査の実効性がより向上することが期待されています。ただし四半期レビューは3ヵ月という短いサイクルで実施されるため、企業を取り巻くリスクに対しても短期的な視点で対応しがちになりますので、年度監査を前提にするという観点を重視することが長期的なリスクに対応するという点からも重要なポイントになります。

41　1　上場会社と監査（金融商品取引法監査）

2 会社法に定められている監査（会社法監査）

◆ 会社法監査制度

会社法は株主および債権者の保護を目的としており、取締役による適正な職務遂行を担保するための機関として監査役を定め、**監査役**は、取締役の職務遂行の状況の監査として**会計監査**および**業務監査**を行うものとされています。また、大規模企業については、利害関係者が不特定多数に及ぶことから、株主および債権者の保護の徹底を図ることが必要性であるとの観点から、1974（昭和49）年、商法（現在の会社法）は、株式会社の監査に関する特例として、大規模企業については監査役による会計監査の限界を補うため会計監査人監査を法的制度として導入し、改正を加えながら現在に至っています。

◆ 会社法の監査対象会社

会社法は、株式会社に対して、各事業年度に係る計算書類および事業報告ならびにこれらの附属明細書を作成することを義務づけ、監査役の監査を受けることを定めています。

しかし大規模企業の場合には、多くの利害関係者が存在するため、特に計算関係書類の社会的影響は大きく、また複雑な作成過程になるため、その監査について、会計に関する専門的能力を資格要件として法定化されていない監査役のみに委ねた場合には、時として実効性ある監査が行われることは保証さ

れません。また、監査役の独立性についても、取締役、支配人その他の使用人等との兼任が禁止されているに過ぎず、計算関係書類に対する社会的な信頼を確保するには十分とは考えにくくなります。そこで、会社法は、いわゆる**大会社**（資本金5億円以上または負債200億円以上の株式会社）の計算関係書類については、監査役のほかに、公認会計士または監査法人を**会計監査人**として選任し、その監査を受けることを義務づけています。

◆**会社法監査と金融商品取引法監査は実質的には同じか？**

会社法における会計監査人監査であっても、金融証券取引法監査と同様に、独立した職業的監査人による会計情報の信頼性の監査であって、監査対象の利害関係者を保護するということはいうまでもありません。つまり両者に本質的な相違はないことになります。また、監査対象となる書類も、信頼し得る会計帳簿を基礎とする実質的には同一の書類であり、その監査のために必要となる手続や業務もほぼ同一になります。そのため、金融商品取引法と会社法の両法に基づき2つの監査を受けることが必要となる上場会社などの会社にあっては、通常、同一の公認会計士または監査法人が監査を担当することとなり、実務上も、監査を実施するうえで厳密な区別は設けていないといえます。

◆**会社内監査である内部監査の位置づけは？**

会社内には、先にみたように、内部監査があります。これは会社法等の法律で義務づけられたものではありません。しかし上場審査上、内部監査の運用実績が必要となりますので、公開会社であれば必須の条件ということができ、当然ながら整備・運用されている必要があります。

43　2　会社法に定められている監査（会社法監査）

3 監査の意味するもの（保証業務）

◆保証業務と監査

監査の仕組みを経済活動と関連づけて保証と捉えてきました。通常この仕組みを**保証業務**といっています。保証業務を担い手から定義すると次のようになります。「保証業務とは、主題に責任を負う者が一定の規準によって当該主題を評価または測定した結果を表明する情報について、又は、当該主題それ自体について、それらに対する想定利用者の信頼の程度を高めるために、業務実施者が自ら入手した証拠に基づき規準に照らして判断した結果を結論として報告する業務をいう。」（財務情報等に係る保証業務の概念的枠組みに関する意見書　企業会計審議会）

この保証業務に該当する主題や情報、業務実施者、想定利用者が、企業の経済活動や経済事象に関連しているのが**監査**ということができます。もう少し具体的に説明します。まず、一定の規準によって当該主題を評価または測定した結果を表明する情報を主題情報といいます。主題情報はいろいろな財務諸表をはじめとする、開示書類などになります。

また企業経営者を意味しますし、主題に責任を負う者とは該当主題を評価または測定した結果を表明する業務実施者は**監査人**、想定利用者は株主をはじめとする、**利害関係者**ということができます。

◆ 保証業務とリスク

保証業務は、保証業務のリスクの程度により、2つに分類されます。保証業務のリスクを合理的な低い水準に抑えて**積極的形式**による結論の報告を行う**合理的保証業務**と、合理的保証業務の場合よりは保証業務のリスクを高い水準ではあるが受け入れることができる程度に保証業務リスクの水準を抑えて**消極的形式**による結論の報告を行う**限定的保証業務**に区分できます。

以下では、監査意見の表明によって監査人が与える保証の性質を理解するうえで重要な概念となる重要な虚偽の表示および合理的な保証についてみていくことにします。

◆ 重要な虚偽の表示

財務諸表監査は、あくまで財務諸表が情報として信頼するに十分なものであるのかを保証するものです。そこにおいて問題とすべきことは財務諸表の虚偽の表示になります。とはいっても、財務諸表の信頼性を保証するうえでは、利害関係者の経済的意思決定に影響を及ぼさない軽微な虚偽の表示を発見するまで問題とする必要はないといえます。またすべての虚偽の表示を発見しようとすれば、そのために必要とする監査のコストは合理的な範囲には収まるとは考えられません。一方、監査人は、利害関係者の経済的意思決定に重要な影響を及ぼす虚偽の表示、すなわち**重要な虚偽の表示**については、発見できるように監査を実施しなければなりません。つまり、監査人が表明する、財務諸表の適正性を害するものとして、発見できるように監査を実施しなければなりません。つまり、監査人が表明する監査意見は、財務諸表には、**全体として重要な虚偽の表示がない**ということについて保証を与えるものと理解されます。

45　3　監査の意味するもの（保証業務）

◆ **合理的な保証**

今日の財務諸表には会社の企業実態を開示するという点から、経営者による会計上の判断や見積りが多く含まれています。財務諸表監査の必要性の観点からも、監査人としては、財務諸表の適否を画一的な尺度によって判断することはできません。財務諸表監査の必要性の観点からも、刻々と実態は変化していくからです。なぜなら、企業は経済活動を行っているかぎりまさに生きものであり、刻々と実態は変化していくからです。また、監査に充てることのできる時間や人員には制約があり、その手法は統計的手法に基づき結論を形成していくからです。また、監査に充てることのできる時間や人員には制る特定の項目全体から一部の項目を取り出し、それに対して監査手続を実施することをいいます。試査とはあため、監査を行っていくにあたり存在する時間や人的制約条件から、監査人は重要な虚偽の表示についても、それが存在しないことを絶対的に確かであるというレベルで保証することは困難です。つまり、監査意見は、重要な虚偽の表示が存在しないことについても、あくまで**合理的な保証**を与えるものであると理解され、財務諸表を適正と認める意見が表明されている場合であっても、財務諸表に重要な虚偽の表示が含まれている可能性はまったくないとはいいきれないことになります。

第2章 監査の概要　46

4 公認会計士の行う仕事（公認会計士業務）

◆ 監査人の役割──財務諸表監査の機能

監査人は、監査基準に準拠して監査を行うべき責任を負担していますが、監査において発揮される機能は、経営者の作成する財務諸表に対して発揮される機能と、利害関係者に対する監査報告書によって発揮される機能とに区別して捉えることができます。公認会計士（または監査法人）は監査以外にも保証業務やコンサルティング・マネジメントサービス等様々な業務を行いますが、以下では公認会計士が独占的に行う監査上の機能に限定して、それぞれの機能についてみていくことにします。

◆ 監査人による批判的機能と指導的機能は両立するか

経営者の作成する財務諸表に対して、監査人が発揮する機能には、2種類あります。
経営者の作成した財務諸表の適正性を一般に公正妥当と認められる会計の基準に照らして準拠しているかどうかを検討することを**批判的機能**といいます。一方、経営者に適正な財務諸表を作成するように必要な助言・勧告（アドバイスを含む）等を行うことを**指導的機能**といいます。
財務諸表の信頼性を保証するという監査の基本原理からは、財務諸表監査の根本は、財務諸表の適否を独立した第三者として批判的に検討する機能である批判的機能に求められます。

47　4　公認会計士の行う仕事（公認会計士業務）

しかし、企業内容開示制度本来の目的は、適正な財務諸表の利害関係者による利用にあり、この目的は、監査人が批判的機能を発揮することだけでは必ずしも達成されません。利害関係者は、適正な財務諸表の開示を期待しているのですから、監査人が指導的機能を発揮して、より適切な財務諸表の作成を指導することの方が、利害関係者保護の観点からは望ましいといえます。ただし、**二重責任の原則**からすれば、監査人の指導を受け入れるかどうかの判断は経営者に委ねられており、監査人は自らの指導を経営者に強制することはできません。また、経営者が監査人の指導を受け入れて財務諸表の作成に関する対外的な責任はすべて経営者にあり、監査人に作成責任を仮に修正した場合でも、経営者が最終的決定権限を行使している以上、財務諸表の作成に関する対外的な責任はすべて経営者にあり、監査人に作成責任を負わせることができるわけではないことに留意が必要です。

◆ 保証機能と情報提供機能

利害関係者に対して、監査報告書によって監査人が発揮する機能には、**保証機能と情報提供機能**とがあります。保証機能とは、財務諸表の適正性に関する監査人の意見の表明によって意思決定情報として の財務諸表の信頼性を担保することをいいます。一方、情報提供機能とは、企業の状況に関する利害関係者の判断に役立つような補足的内容を提供することをいいます。

財務諸表の信頼性を保証するという監査の基本原理からすれば、財務諸表監査の本質は、財務諸表の信頼性を保護する機能である保証機能に求められます。

しかし、利害関係者は、監査人に対して、その専門的能力と実務経験および日々の監査業務を通じて獲得した知識を踏まえ、職業的専門家としての立場から、企業の状況に関する利害関係者の判断をより適切ならしめる追加的な情報の提供も期待していると考えられます。

第2章　監査の概要　48

ただし、監査人が情報提供機能を発揮してしまうと、本来は経営者が行うべき企業情報の提供を監査人が行うことになってしまうため、二重責任の原則に反して、経営者と監査人の責任の区別が曖昧となるおそれがあります。そのため、情報提供機能の発揮に際しては、その方法や内容が慎重に検討されなければならず、現在では、利害関係者への注意喚起の意味も含めて限定的になっていて、情報提供に関して監査人が負担する責任の範囲を明らかにすることが必要となります。

◆期待ギャップ

期待ギャップとは、監査人が実際に行っている役割と利害関係者を含む社会の人々が監査人に期待する役割との間の差（ギャップ）をいい、利害関係者の財務諸表に対する期待が満たされていないことを意味しています。この差が解消されないと財務諸表監査に対する社会的信頼性が損なわれるおそれがあります。財務諸表監査は、制度に対する社会的信頼性を根本にしていることから、この仕組みを維持して制度として存続させて行くうえで、期待ギャップは本来的には解消されなければなりません。このような利害関係者のニーズからみると、監査人による情報提供機能の発揮が、**期待ギャップ**の解消の観点からは望ましいといえます。情報提供機能については、監査人が情報を提供することへの社会の期待に応えるものとして監査基準に組み込まれて制度化されています（**追記情報**等）。他方、監査に対する社会的役割の期待には、これ以外にも、監査の品質を充実強化することや不正発見への実効的な関与など様々なものがあります。そのため、監査基準は、これらの社会的役割期待に可能な範囲で応えることを考慮して監査人の役割を定義しています。

5 監査のよりどころ

◆監査基準の生成

これまでみてきたように監査は大きく会計監査・監査役監査・内部監査の3つに分けられます。まず会計監査である財務諸表監査からみていきます。

日本で財務諸表監査を行えるのは、**公認会計士（監査法人を含む）**であり、独占的な業務になっています。公認会計士による財務諸表の監査（以下「**公認会計士監査**」といいます。）は、財務諸表の作成のより性を担保するための制度であり、そのよりどころである会計基準の監査の適正なディスクロージャーを確保するための重要な基礎的要素（インフラストラクチャー）となっています。歴史的にみると、日本の監査基準は、証券取引法に基づく公認会計士監査が1950（昭和25）年に導入されたことにともない、「監査基準」および「監査実施準則」という構成で設けられました。監査基準の基本的性格として、かに慣習として発達したもののなかから、一般に公正妥当と認められたところを帰納要約した原則であって、職業的監査人は、財務諸表の監査を行うにあたり、法令によって強制されなくとも、常にこれを遵守しなければならない、と明示されていて、今日においても、その性格は変わるものではありません。その後の変遷を整理すると次の表のようになります。日本経済の動向や環境の変化と関連していることがわかります。

図表2-1　監査基準の歴史と変遷

1950（昭和25）年	監査基準および監査実施準則
1956（昭和31）年	監査報告準則追加 正規の監査の実施にともない監査基準の構成が固まる
1965（昭和40）年～ 1966（昭和41）年	監査実施準則および監査報告準則の大幅な改訂 粉飾決算事件の発生等に対処するため
1982（昭和57）年	企業会計原則の一部修正にともなう改訂
1983（昭和58）年	後発事象に関する改訂
1989（平成元）年～	監査基準の純化
1991（平成3）年	監査基準・監査実施準則・監査報告準則の改訂、**リスク・アプローチ**の採用・新たな**内部統制**概念の導入、監査報告書における特記事項の記載、経営者確認書の入手の義務づけ等による監査基準の充実強化と個別具体的な監査手続の削除
1998（平成10）年	キャッシュ・フロー計算書導入による改訂

2002年以降の改訂については、以下の本文を参照のこと。

◆ **監査基準の改訂（リスク・アプローチによる監査へ）**

1991（平成3）年の改訂以降、日本企業の活動の複雑化・国際化や資本・資金市場の国際的な一元化の進展を背景として、公認会計士監査による適正なディスクロージャーの確保とともに、公認会計士監査の質の向上に対する要求が国際的にも高まり、企業の経営破綻のなかには、直前の決算において公認会計士の適正意見が付されていたにもかかわらず、破綻後には大幅な債務超過となっているとされているものや、破綻に至るまで経営者が不正を行っていたとされるものもあり、こういった事態に対し、なぜ、公認会計士監査でこれらを発見することができなかったのか等の厳しい指摘や批判が行われました。このような状況を背景として、国際的な監査基準の動向をも踏まえ、「監査基準」、「監査実施準則」および「監査報告準則」全般にわたって改訂すべき事項について網羅的に検討が行われ、特に企業が公表する財務諸表に対して公認会計士が独立の立場から実施する監査について、その信頼性のいっそうの向上を各方面から求められていることが明示されました。

上記のような認識に基づいて、日本のコーポレート・ガバナンスの変化や国際的な監査基準の展開をも視野に入れ、財務諸表の重要な虚偽の表示の原因となる不正を発見する姿勢の強化、ゴーイング・コンサーン（継続企業の前提）問題への対処、リスク・アプローチの徹底、新たな会計基準への対応および監査報告書の充実を図ることの重要なポイントとして、前文を含め監査基準を全面的に見直し2002（平成14）年に「**監査基準の改訂に関する意見書**」として公表されました。この改訂では、「監査実施準則」および「監査報告準則」を廃止し、監査基準という1つの枠組みのなかで、一般基準、実施基準および報告基準の区分とし、そのうえで、実施基準および報告基準については基本原則をおくこ

とにしています。監査を巡る環境の変化は、従来の一般基準により監査人に求められていた専門的能力や実務経験、**独立性、公正不偏性、正当な注意**義務などの要件をいっそう徹底させ、また、監査人の自主的かつ道義的な判断や行動に任せていた点を制度的に担保しました。

1991（平成3）年の監査基準の改訂で**リスク・アプローチ**の考え方をとり入れられましたが、日本の監査実務に充分に浸透するには至っていなかったことから、リスク・アプローチの枠組みをよりいっそう明確に示し、**重要な虚偽の表示**が生じる可能性が高い事項について重点的に監査の人員や時間を充てることにより、監査を効果的かつ効率的なものとすることができるものとしました。その他、監査上の重要性、内部統制の充実を図ること、継続企業の前提に対する対処、情報技術（IT）の利用と監査の対応、実施基準にかかわる事項、監査意見および監査報告書にかかわる事項など大きな改訂がなされました。

◆ **監査基準等の方向性**

さらに、2005（平成17）年には、証券取引法上のディスクロージャーをめぐり不適正な事例が相次ぎ、公認会計士・監査審査会のモニタリングの結果等からは、リスク・アプローチが適切に適用されておらず、その改善が求められる事例が多数見受けられたことに対応し、**事業上のリスク等**を重視したリスク・アプローチの導入と、国際的な動向を踏まえ、監査の水準の向上を図るとともに、監査実務の国際的な調和を図ることとしました。

この事業上のリスク等を重視したリスク・アプローチの導入は、次のような経緯によるものです。財務諸表の重要な虚偽の表示等が、経営者レベルでの不正や、事業経営の状況をごまかすことを目的とした

会計方針の適用等に関する経営者等の関与等から発生する可能性が高くなってきていると考えられています。また、企業内部要因として、経営者の経営姿勢、内部統制の重要な欠陥（開示すべき重要な不備）、ビジネス・モデルの崩壊等と、外部的な要因である企業環境の変化・業界慣行等が複雑に絡み合ってもたらされることも多い状況です。それに対して、監査人が、財務諸表の個々の項目に集中する傾向があったため、監査人にリスク評価の範囲を広げて、内部統制を含む事業上のリスクを考慮することを求めました。その結果、重要な虚偽表示のリスクの評価、財務諸表全体および財務諸表項目の2つのレベルにおける評価を求め、監査人が、人員や時間を有効かつ効率的に配置して監査していく考え方を導入しました。これが、現行のリスク・アプローチ監査であり、

2009（平成21）年には、**継続企業前提に関する監査**に関して、投資者により有用な情報を提供する等との観点から検討を行い、一定の事象や状況が存在すれば直ちに継続企業の前提に関する経営者の対応策等を勘案してもなお、継続企業の前提に関する**重要な不確実性**がある場合に、適切な注記がなされているかどうかを監査人が判断することとしました。

さらに、2010（平成22）年の監査基準の改訂は、国際監査基準との差異と考えられる項目のうち、監査基準の改訂が必要な項目と監査実務指針のみの改訂で対応することが適切である項目についての検討を行い、監査実務指針の改正に先立って監査基準の改訂が必要と考えられる報告基準についての改訂を行っています。

また、監査基準に関連して、その他の基準として、2005（平成17）年に「監査に関する**品質管理**基準の設定」、2007（平成19）年に「**財務報告に係る内部統制の評価及び監査の基準並びに財務報**

告に係る内部統制の評価及び監査に関する実施基準の設定」がなされ、監査に関する基準の全体像が整備されています。

◆ **監査役監査のよりどころ**

監査役監査については、会社法に詳細な条文がありますが、実務の指針としては、社団法人日本監査役協会の監査役監査基準（第3章参照）があり、同協会は積極的な活動を行っていますので参考になります。

◆ **内部監査のよりどころ**

内部監査のよりどころとしては、社団法人日本内部監査協会の内部監査基準・内部監査基準実践要綱がありますが、会社内には様々な規程類もありますので、これらを総合的に勘案して、内部監査活動に適した基準を各社が選択することになります。

第3章

監査実施者
（監査を実施する当事者）

1 監査を担う当事者

◆会社のなかで監査を担う（監査主体・総論）

企業を取り巻く主要な監査実施主体として、**公認会計士監査**、**内部監査**および**監査役監査**があることを示してきましたが、それぞれの違いについて概観します。

公認会計士監査は、企業外部の利害関係者を保護するため、独立した第三者の立場にある公認会計士または監査法人が財務諸表の適正性を対象とするものです。これに対し、**内部監査**は、監査の対象となる業務から組織的に独立し通常は経営者の指揮のもとに、従業員の業務遂行の状況を対象とするものです。さらに、**監査役監査**は、株主および債権者を保護するために、会社の機関ではありますが監査役等が一定の独立性を保持して取締役の職務遂行の状況を対象とするものです。

以上のように、公認会計士監査、内部監査および監査役監査は、三者三様の監査を行うので、そのため、**三様監査**とよばれています。しかしいずれも会社業務を監査の対象とする点で共通しています。そのため、それぞれがより効果的かつ効率的に監査を進める必要があり、公認会計士監査は監査および会計の職業的専門家であるという点で、内部監査は会社業務に精通しているという点で、監査役監査は経営者の職務執行をモニタリングする立場にあるという点で優位性があるということができます。そこでこれらの優位性を相互に利用し、相互に連携を図ることが望ましいものと考えられています。

相互連携を行うことによる効果としては、監査の効率化や品質向上、コーポレート・ガバナンスの充実・強化などがあげられます。なお、コーポレート・ガバナンスの充実・強化を図る必要性から、金融商品取引法および会社法で、これら相互連携を含め、コーポレート・ガバナンスに関する情報開示が義務づけられています。

2 公認会計士・監査法人

◆監査人の役割

まず公認会計士・監査法人についてみていくことにします。

公認会計士・監査法人の仕事は法律に従って企業の作成した財務諸表を検証して「適正」か「不適正」かの意見を表明することです。主な監査は上場会社に対する金融商品取引法に基づく監査と資本金5億円以上または負債総額200億円以上の会社に対する会社法に基づく監査の2つです。公認会計士が関与する監査はこのほかに学校法人や労働組合、独立行政法人等多くありますが、詳細な内容については公認会計士協会のホームページの公認会計士の仕事内容を参照してください。

公認会計士監査の根拠は金融商品取引法において、「金融商品取引所に上場されている有価証券の発行会社その他の者が、この規定により提出する貸借対照表、損益計算書その他の財務計算に関する書類で内閣府令で定めるものには、その者と特別の利害関係のない公認会計士又は監査法人の監査証明を受けなければならない」と定められています。

また会社法に基づき大会社および委員会設置会社は会計監査人(株式会社における機関)を設置して会社の計算書類について監査を受けなければなりません。この場合に会計監査人になれるのは公認会計士または監査法人に限定されています。なお監査法人は公認会計士が5人以上で共同して設立した法人

第3章 監査実施者(監査を実施する当事者)

図表3-1　3月末決算企業の開示書類公表日程（事例）

開示書類	公表日	監査報告書日付
決算短信	5月10日	添付なし
株主総会招集通知に含まれる計算書類	6月4日	5月6日
有価証券報告書に含まれる財務諸表	6月30日	6月30日
英文アニュアル・レポート	9月17日	7月21日

では監査人による監査は、いつ（時期）、どこで（実施する場所）、どのように（手続）するのでしょうか。また誰のため（対象となる関係者）にしているのでしょうか。

上場企業の金融商品取引法監査について考えてみます。

まず時期について考えてみます。上場会社は決算日以後45日以内に証券取引所の適時開示ルールにより財務情報を含んだ決算短信を公表しています。公表された決算短信は東京証券取引所の適時開示情報閲覧サービスを利用してインターネットでいつでも閲覧可能になっています。しかしながら決算短信には監査人の監査意見は添付されていません。監査意見が添付されるのは2～3週間後株主総会の招集通知に添付され公表される会社法に基づく計算書類です。さらに金融商品取引法に基づく有価証券報告書に含まれる財務諸表と監査報告書の開示は実質的に決算日後3ヵ月となっています。また海外向けに作成される英文財務諸表（アニュアル・レポート）は概ね6ヵ月以内に公表されています。図表3-1に海外展開している東京証券取引所一部上場企業の決算公表日程の事例を示しておきました。

次に実施する場所について考えます。親会社と子会社の本社、主要な事業所が監査を実施する場所となります。なお監査計画は各監査法人の事務所で策定されます。また監査意見の決定や監査の品質管理のための審査も監査法人の事務所で通常は行われます。

さらに手続については、監査基準に従いリスク・アプローチで監査します。

最後に対象となる関係者は、主に投資家と債権者のために監査しますが、報酬は企業から得る構造になっています。

ところで決算短信は本当にまったく監査されていないのでしょうか。答えはいいえです。決算短信発表のときまでに実質終了していない状況が一般的です。希な例ですが、監査調書のまとめと監査の品質管理の一貫である審査が終了し、決算短信を投資判断の資料とする投資家等にとってはこのような決算短信発表後に虚偽表示（決算の間違）が発見され、決算短信を訂正する事態が生じます。希なケースであるので、ほとんどの場合はそのまま、後日、無限定適正意見を監査人が表明していない修正リスクはあるのですが、一日でも早い財務情報の修正の公開が必要であり現在の方法がうまく機能していると考えられています。希なケースである決算短信の修正は、監査人が職務を忠実に果たして、監査を実施し、監査上発見した事項に関して重要性があると判断し経営者に財務諸表の訂正を促し、経営者が修正に応じた結果、正しい財務諸表の公開になったと考えれば、財務諸表の適正表示に大いに貢献したといえるでしょう。もっとも、社会に貢献しているがそのことを認識してもらいにくい立場であるので監査人についての社会的な評価はその責任の重さと比較すると低いともいえます。

◆ **監査人となれる資格「公認会計士」とは**

法定監査を担当できるのは公認会計士および監査法人のみですが、どのようにすれば公認会計士になるのでしょうか。公認会計士になるには国が実施する公認会計士試験に合格した後、原則3年間の実務補助または実務従事の期間（2年以上、合格前でも可）を満たし日本公認会

計士協会が実施する修了考査に合格して内閣総理大臣の確認を受ければ、公認会計士登録をして公認会計士となれます。公認会計士の業務は監査以外に会計業務、コンサルティング業務などがあります。また一定の要件を満たせば税理士として税務業務をすることもできます。なお試験制度については公認会計士・監査審査会のホームページを参照してください。

◆ 信頼される要件としての倫理と守秘義務

監査業務は企業の事業内容を検証の対象とするため様々な個人情報や企業秘密に接します。また外部の第三者である監査人が経営者、監査役、業務執行役員、幹部従業員等に質問等をする立場になります。このため監査業務をスムースに進めるには企業との信頼関係を構築したうえで協力してもらうことが絶対必要です。

信頼関係を築くために必要なのは会計と監査の専門家のもつべき**職業倫理と守秘義務**です。株式投資に関連する情報についても監査を通じて監査先の企業情報を入手する機会も多くあり、その内容を個人的に利用して関与先の株式を購入することは倫理に含まれる**独立性**の維持に反し、一般投資家の利益にも真っ向から反することになるため許されません。また第三者に企業秘密を漏らしたりすると、その情報を聞きつけた第三者が情報を悪用していわゆるインサイダー取引をするきっかけを与えることになりこれも許されません。企業秘密を含む書類を入れた鞄を忘れることも許されません。誰がどこで聞いているかわからないからです。トイレや食堂での雑談も関与先が特定できるような内容であってはなりません。常に周りの状況を把握して慎重な行動を心がけることが必要です。

現在の公認会計士監査は投資家・債権者等のために企業が作成した財務諸表等に監査意見を表明する

ことになっていますが、監査報酬は監査対象先である企業から受け取る構造になっているため、よりいっそう独立性が強く要求されることになります。監査対象企業からの精神的および外観的な独立性の維持は公認会計士監査にとって最も大事な要素となっており、もし独立性を失った公認会計士が監査証明した場合にはその監査は無効となります。

◆ どんな人が監査しているかについての情報開示

会社四季報や日経会社情報の情報には全上場企業の監査人が誰かが掲載されています。また上場企業監査人・監査報酬白書（監査人・監査報酬問題研究会）では上場企業の監査人の情報に加えて監査報酬、関与社員の情報などが開示されています。個別企業ごとに監査人に関する情報が必要ならば各社のウェブ・サイトにアクセスしてIR情報のページより各種の決算書を閲覧すれば監査人の情報は容易に入手できます。また金融庁が開設し運用している有価証券法報告書閲覧ができるサイトであるEDINETからも監査報告書を閲覧することができます。このシステムを利用すれば上場企業の情報を監査法人と担当社員または公認会計士名も企業ごとに閲覧できます。

また有価証券報告書では監査法人名、業務執行社員名、継続監査年数、補助者の構成、公認会計士の人数、その他の人数を開示し、監査報酬の内容が開示されています。

会社法の計算書類では、会計監査人の名称、会計監査人の報酬等の額、会計監査人の解任または不再任の決定の方針等が開示されています。

第3章 監査実施者（監査を実施する当事者） 64

◆監査の信頼性維持のための品質管理

製造業における競争優位は製品の品質管理にあります。確立された品質検査システムの導入と安定運用は顧客の信頼を得て、需要の継続をもたらすと考えられます。投資家等の財務諸表利用者に財務諸表の信頼性についての意見を提供することを目的とする監査においても監査業務の品質は製品と同じように品質管理の対象となります。

会計監査における品質管理を整理しますと、特定の企業を監査を担当する監査チームが最初の品質管理の対象となります。大手監査法人は監査のマニュアルの整備、研修プログラム整備と社内研修の実施、業務遂行上の標準的な手続等を整備をして監査業務を遂行しています。個々の監査業務を担当する監査チームをコントロールするためには、監査計画書の策定を義務としたうえで、それを監査遂行における業務管理と品質管理の道具として活用して、監査チーム内での情報の共有、監査実施時における所定の監査調書作成とチーム内での査閲、および追加業務の指示などにより高いレベルでの監査を実現する仕組みが確立しています。

監査法人レベルの品質管理では契約締結時点の監査事務所レベルでの審査体制の確立、監査計画策定時点での審査制度、監査実施時における問題点発見に対処する標準手続の整備、監査報告書作成時点での法人レベルでの審査体制の確立がはかられています。また監査調書の整備と、審査過程を記録に残す仕組みも確立されています。さらに法人での内部手続も外部からのモニタリ

ングに対応する仕組みを確立しています。なお、日本公認会計士協会および公認会計士・監査審査会の各監査法人等の品質管理に対するレビューおよび検査が制度化されています。また海外の大手監査法人と提携している場合には提携先の海外大手監査法人の品質管理の制度に従った品質管理を行う必要があります。さらに米国証券市場に上場している日本企業の監査をしている場合には米国の監査監督部署による品質管理に関する要求が出されることがあります。

3 監査役(監査役会等・社外監査役)

◆監査役とは?(監査役制度)

次に、三様監査のなかで、監査役監査についてみていくことにします。

日本の会社法では、非公開会社かつ非大会社と委員会設置会社を除き、監査役は株式会社に設けなければならない機関になります。監査役は商法のもとで制度化されていましたが、数次の改正によって、権限と独立性が強化され、会社法に引き継がれています。以下では、監査役会の設置が義務づけられる大会社かつ公開会社を中心に述べることにします。

監査役は株主総会で選任され、その役割として取締役の職務の執行を監査することになります。監査役と会社とは委任関係になります。したがって、監査役は、職務の遂行に際しては、会社に対して善管注意義務を負うことになります。監査役の職務は、取締役の職務の執行を監査することであり、ここでいう監査には、**業務監査**と**会計監査**の2種類があります(なお、非大会社かつ非公開会社では会計監査に限定することができます)。業務監査とは、適法性監査ともいわれ、取締役の職務の執行が法令・定款に遵守して行われているかどうかを監査することです。会計監査とは、計算書類およびその附属明細書等を監査することですが、定時株主総会の前に実施されるという点に特徴があり定時株主総会の招集通知に、会計監査と業務監査の結果が される計算書類等について提出前に監査を行い、株主総会の招集通知に、会計監査と業務監査の結果が

67　3　監査役(監査役会等・社外監査役)

記載されている監査報告が添付されます。また、連結計算書類を作成する場合についても同様な監査が行われ、監査の結果が定時株主総会に報告されます。

監査役には、取締役と同様の欠格事由があるほか、監査役・使用人を兼務することはできません。監査役の報酬のも公正性や独立性の観点からです。監査役の報酬については、取締役の報酬とは別に、定款または株主総会決議で支給可能な総額範囲が決定されます。大会社かつ公開会社では、監査役は3名以上であることが必要であり、常勤の監査役を定めるとともに、半数以上は、**社外監査役**であり、**監査役会**が設置されます。

監査役には、職務を遂行するにあたって、法律上の様々な権限が与えられています。まず他の監査役の人選につき株主総会で意見を述べる権利があります。また、監査役を辞任した者は、その後最初に招集される株主総会に出席し意見を述べる権利も有します。監査役会は、取締役会による監査役の選任議案について同意権を有し、また監査役の選任議案の提案権も有します。その他重要なものをまとめると次のようになります。

① 取締役および使用人に対しての報告要求・調査権
② 取締役の違法行為の阻止権
③ 会社・取締役間の訴訟の会社代表

◆ **会計監査の役割分担（監査役と会計監査人）**

会計監査とは、計算書類およびその附属明細書を監査することですが、大会社かつ公開会社では、公

認会計士または監査法人を会計監査人として選任しなければなりません（株主総会で選任しますが、取締役会による選任議案には監査役会の同意を要し、また監査役会は選任議案の提案権を有します）。したがって、大会社では、会計監査は第一義的には会計監査人が実施し、その監査報告は監査役会と取締役会に提出されます。監査役は、会計監査人の監査の方法・結果の**相当性**を判断します。もし相当でないと認めた場合は、自ら監査したうえで、その結果について監査報告に記載します。なお、会計監査人は、取締役の職務遂行に関し不正行為や法令・定款違反の重大な事実を発見した場合には、遅滞なくそれを監査役会に報告しなければなりません。また、監査役は、必要があれば会計監査人に報告を求める権限を有します。以上のように、大会社かつ公開会社では、監査役は、会計監査を実施させることが職務であるということができます。定時株主総会の招集通知には監査報告が提出され、会計監査および業務監査の結果が記載されます。監査報告は大会社かつ公開会社では監査役会が作成しますが、各監査役は自分の意見を付記することができます。連結計算書類についても監査が行われ、監査役会の監査報告が作成されます。

監査役は、会社に対して善管注意義務違反その他の任務懈怠があれば損害賠償責任を負うほか、職務の遂行に際し悪意または重過失があった場合または監査報告に虚偽記載があった場合には、第三者に対しても損害賠償責任を負います。株式会社における活動と監査役監査の仕組みをまとめると図表3-2になります。

◆ **複数の監査の担い手が集まっている組織（監査役会）**

会社法上の大会社については、監査役の制度が強化されています。大会社かつ公開会社であれば、監

3 監査役（監査役会等・社外監査役） 69

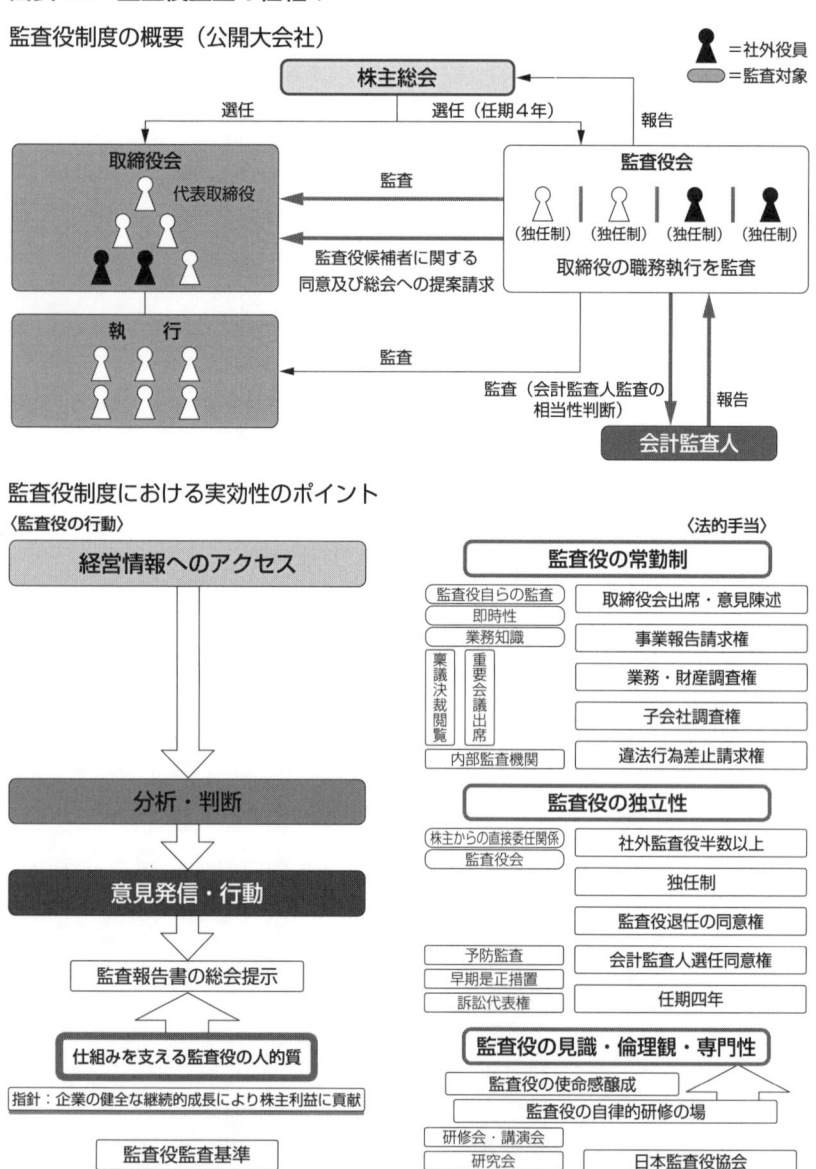

図表 3-2 監査役監査の仕組み

監査役制度の概要（公開大会社）

♟ ＝社外役員
■ ＝監査対象

- 株主総会
  - 選任 → 取締役会
  - 選任（任期4年） → 監査役会
  - 報告 ← 監査役会

- 取締役会
  - 代表取締役
  - 監査 ← 監査役会
  - 監査役候補者に関する同意及び総会への提案請求

- 執行
  - 監査 ← 監査役会

- 監査役会
  - （独任制）（独任制）（独任制）（独任制）
  - 取締役の職務執行を監査

- 会計監査人
  - 監査（会計監査人監査の相当性判断）
  - 報告

監査役制度における実効性のポイント

〈監査役の行動〉

経営情報へのアクセス
↓
分析・判断
↓
意見発信・行動
↓
監査報告書の総会提示
↑
仕組みを支える監査役の人的質

指針：企業の健全な継続的成長により株主利益に貢献

監査役監査基準

〈法的手当〉

監査役の常勤制
- 監査役自らの監査
- 即時性
- 業務知識
- 稟議決裁閲覧
- 重要会議出席
- 内部監査機関
- 取締役会出席・意見陳述
- 事業報告請求権
- 業務・財産調査権
- 子会社調査権
- 違法行為差止請求権

監査役の独立性
- 株主からの直接委任関係
- 監査役会
- 予防監査
- 早期是正措置
- 訴訟代表権
- 社外監査役半数以上
- 独任制
- 監査役退任の同意権
- 会計監査人選任同意権
- 任期四年

監査役の見識・倫理観・専門性
- 監査役の使命感醸成
- 監査役の自律的研修の場
- 研修会・講演会
- 研究会
- 実務部会
- 日本監査役協会

出所：㈳日本監査役協会 HP（http://www.kansa.or.jp/seido/seido_japan.html）より。

会社法では、最終事業年度に係る貸借対照表に資本金として計上した額が5億円以上か負債の部に計上した額の合計額が200億円以上である株式会社を**大会社**といいます。

大会社については、監査役の設置が必要であり、公開会社である大会社の場合には、監査役全員で構成される合議制の機関である**監査役会**をおかなければなりません（委員会設置会社の場合は除く）。

監査役会制度は、比較的大規模な株式会社において、複数の監査役が監査を行う場合を想定していて、かつ監査役の独任制を確保するための制度です。1人の監査役が、取締役を株主総会で責任を追及したり、法的に訴えたりすることができ、ガバナンスの担い手として監査役が期待されていることを意味しています。そこで監査役が、複数名いる場合には互いに連携して監査を行うことを意図した制度が監査役会制度であるといえます。監査役は独任制ですから監査役の職務執行についての監査役会の決定は各監査役を拘束せず、監査役会の招集権も各監査役にあります。監査役会の決議は、監査役の過半数により決議となります。ただし、監査役の選任同意権については、非公開の大会社や大会社以外の会社が監査役会をおくことを妨げるものではありません。

監査役は3名以上必要となり、かつ常勤の監査役が最低1名必要であり、また**社外監査役**が監査役の員数の半数以上必要となり、監査役会が設置されます。

◆ 監査委員会の概要と権限

会社における、監督機能として監査役が設置されその機能・権限が強化され、**企業統治（ガバナンス）**を行ってきていましたが、さらなる株主重視の経営が求められるようになり、2003（平成15）年に委員会設置会社が設けられました。その後会社法の改正により定款に委員会をおく旨を定めれば、すべての会社が委員会設置会社の形態をとることができます。

委員会設置会社では、監査役をおかずに社外取締役を中心として、執行と監督を分離し、原則として業務の執行を行わない取締役会全員からなる取締役会と、業務の執行にあたる執行役がおかれます。その結果、経営の監督機能と業務執行機能とを分離独立させ強化した会社となります。執行役と各委員会の委員は取締役会が選任し、各委員会委員には、公正な職務執行を確保するためにそれぞれ社外取締役を過半数含まなければなりません。

監査委員会の役割は、取締役・執行役の職務執行の監督・管理になります。これらの各委員会は3人以上で構成され、その過半数が社外取締役から選ばれなければなりません。

監査委員会構成メンバーである監査委員は、委員会設置会社もしくはその子会社の執行役もしくは業務執行取締役または委員会設置会社の子会社の会計参与、支配人、使用人を兼ねることができません。

監査委員会について、もう少し内容をみてみると以下のようになります。監査委員会は、執行役、取締役、会計参与の職務執行を監査し、監査報告を作成します。また、会計監査人をおく場合には、株主総会に提出する会計監査人の選解任、不再任の議案について決定します。

第3章　監査実施者（監査を実施する当事者）

監査委員会は、会社法により調査権、違法行為差止請求権が付与されています。また、報告義務がある点も監査役と同様になります。監査委員は、監査役会における監査役と同様に、各委員が監査委員会の招集権を付与されています。

監査委員は取締役ですから、監査役のもつ取締役会の招集権、取締役会への出席義務、株主総会への報告義務、株主総会に提出される議案等を調査しそこに法令違反や著しく不当な事項がある場合の株主総会への報告義務について特に規定はありません。監査委員会は監査役会に相当する職務を負っているので委員会設置会社に監査役をおくことはできません。

◆ 委員会設置会社の制度はなぜ広まらないのか？

監査役制度をとる会社は、特に委員会設置会社に移行しなくても経営の効率性を図ることができます。あるいは移行すると監査機能が形骸化してしまうので移行しない理由とする場合も多いのですが、それらの会社でも社外取締役や社外監査役の導入が進んでいます。

委員会設置会社では、業務執行と意思決定が執行役に集中すること、執行役と取締役の兼任が認められていること、業務執行を監視する委員の選定を行う取締役会は、執行役が多数を占めることが可能であるなどの特徴があります。また、執行役は監査委員を除いて、他の委員との兼任もできます。このような状況では委員会設置会社の制度は業務の執行と監督が分離しているかどうか疑わしいともいえ、執行役の権限が強大で、取締役から独立した監査役をおく会社に比べて監督が適正に行われるのかという問題があります。

監査体制の中心となる監査委員会のメンバーの過半数を社外取締役として、権限が集中する執行役に

対する監督を行う体制を採用していますが、社外取締役であれば、通常社内に常勤はしませんし、親会社・取引先の関係者など執行役からの独立性が損なわれる者であっても有資格者であるので、社外取締役による監視機能についてはその実効性には問題があるといわれています。

◆ 監査の会社外部からの担い手（社外監査役・独立役員）

社外監査役は、公正・厳正な監査を行うために、過去に当該株式会社またはその子会社の取締役、会計参与、執行役、その他の使用人となったことがない監査役をいいます。社外監査役は公正な立場独立性の観点から会社の業務と会計が適正であるかどうか、調べる役割を担当します。また取締役の違法行為で会社が著しい損害を受ける場合など、その行為を差し止める権限も持っています。

社外監査役制度は、企業不祥事の表面化などにより、取締役会への監視制度がいっそう重要視されるようになり、1993（平成5）年の商法改正で規定に加えられ、取締役からの独立性を高めることが重要であるとの認識から、大会社では監査役の人数が1名から3名に増えることになり、さらに2005（平成17）年に、社外監査役に関する規定が改正され、取締役からの独立性を高めることが重要であるとの認識から、大会社では監査役の人数が1名から3名に増えることになり、さらに「半数以上」を社外監査役としなくてはならなくなりました。なお、東京証券取引所が公表している「コーポレート・ガバナンスに関するアンケート」によると、社外監査役について他の会社の役職員、弁護士、公認会計士を選任する場合が多くなっています。

東京証券取引所では、一般株主を保護する観点から、各上場会社に対して、**独立役員**（一般株主と利益相反が生じるおそれのない社外取締役または社外監査役をいう。）を1名以上確保することを企業行動規範の「遵守すべき事項」として規定しています。上場会社は、証券市場の構成員として、会社情報

図表 3-3　監査役に関する事例

4．会社役員に関する事項

(1) 取締役及び監査役の氏名等

吉 田 清 和	監査役	公認会計士 甲南大学大学院ビジネス 研究科会計専攻専任教授

(注)　1．監査役のうち、ＸＸＸＸ、古田清和の両氏は、会社法第 2 条第 16 号に定める社外監査役であります。なお、当社は古田清和氏を東京証券取引所の定めに基づく独立役員として指定し、同取引所に届け出ております。

　　　3．監査役古田清和氏は、公認会計士の資格を有しており、財務及び会計に関する相当程度の知見を有するものであります

〜〜〜〜〜〜〜〜〜〜〜〜〜〜〜〜〜〜〜〜〜〜〜〜〜〜〜〜〜〜〜〜〜〜〜

(3) 社外役員に関する事項
　監査役
　① 重要な兼職先である他の法人等と当社との関係

　　　監査役　古田清和　　公認会計士
　　　　　　　　　　　　甲南大学大学院ビジネス研究科会計専攻専任教授
　　　　　　　　　　　　　同氏の兼職先と当社との間には、特別な関係は
　　　　　　　　　　　　　ございません。
　② 当事業年度における主な活動状況

　　　監査役　古田清和　　当事業年度開催の取締役会 11 回のうち 11 回に、
　　　　　　　　　　　　また監査役会 10 回のうち 10 回に出席し、公認会
　　　　　　　　　　　　計士として豊富な業務経験を基に専門的見地から
　　　　　　　　　　　　発言を行っております。

出所：http://www.tse.or.jp/disc/99020/140120110601043083.pdf

の開示の充実をいっそう図ることにより透明性を確保するだけではなく、投資者保護および市場機能を適切に発揮する観点から、企業行動に対して適切な対応をとることを求められており、有価証券上場規程において**企業行動規範**が制定されています。

東京証券取引所では、上場会社に対して、独立役員の確保に係る企業行動規範の遵守状況を確認するため、「独立役員届出書」の提出を求めていて、投資者の便宜に資するよう、提出された情報を集計した「独立役員届出書一覧」を作成

図表3-4 監査役に関する開示（独立役員の事例）

コード	会社名	氏名	区分	独立役員届出書提出日	一般株主と利益相反が生じるおそれのない独立役員として指定する理由
9902	株式会社日伝	古田清和	社外監査役	2010/03/30	古田監査役は、公認会計士の資格を有し、会計大学院教授を努めるなど豊富な経験と知見をもとに、専門的見地から発言を行っておられ、経営の監督機能の客観性・中立性は充分確保されております。また、「上場管理等に関するガイドラインⅢ5.(3)の2」に規定する事由や、「有価証券上場規程施行規則第211条第6項第5号」に規定する事由に該当せず、経営に対して独立性を担保していることから、独立役員に指定しております。

出所：独立役員届出書一覧（東京証券取引所）より抜粋して作成

◆監査役監査のよりどころ（監査役監査基準と監査役協会）

会計監査人と異なり、監査役もしくは監査役会または監査委員会（監査役等といいます）について監査のよりどころとなるものとして、社団法人監査役協会が作成している監査役監査基準と監査委員会監査基準があります。

まず、**監査役監査基準**の基本的な目的として、「監査役の職責とそれを果たすうえでの心構えを明らかにし、あわせて、その職責を遂行するための監査体制のあり方と、監査にあたっての基準及び行動の指針を定めるものである。」「監査役は、企業規模、業種、経営上のリスクその他会社固有の監査環境にも配慮して本基準に則して行動するものとし、監査の実効性の確保に努めなければならない。」と定められています。

また監査役制度を採用していない、監査委員会制し、公表しています。

図表3-5　監査役監査基準と監査委員会監査基準（第1章、第5～10章は同じ章立て）

	内　容
第1章	本基準の目的
第2章	監査役の職責と心構え
	監査委員会の職責及び監査委員の心構え
第3章	監査役及び監査役会
	監査委員会の組織及び運営等
第4章	監査役監査の環境整備
	監査委員会監査の環境整備
第5章	業務監査
第6章	会計監査
第7章	監査の方法等
第8章	会社の支配に関する基本方針等及び第三者割当
第9章	株主代表訴訟への対応等
第10章	監査の報告

出所：（社）日本監査役協会の資料より作成

度の場合は、監査役監査基準によることができませんので、監査のよりどころとなるものが、同協会が作成している**監査委員会監査基準**になります。この監査委員会監査基準の基本的な目的についても監査役監査基準と同様の定めをおいています。それぞれの基本的な項目を対比して示すと図表3-5のとおりになります。

日本監査役協会は、1974（昭和49）年の商法改正を契機として設立された公益社団法人です。この商法改正は、企業の粉飾決算の防止や放漫経営による企業倒産を防止し、さらには企業の社会的責任を果たすために、企業の自主的監視体制を強化することを目的としたものであり、この改正により、監査役の地位（職務権限）は強化されました。最近では、1993（平成5）年にも商法が改正されましたが、これも監査役制度をいっそう拡充強化するものとなっています。

監査役の職務権限が拡充強化された背景には、企業経営の健全性の確保と自由経済体制の維持があり、会社の機関としての監査役への期待と責任は大きいといえます。日本監査役協会は、これらの趣旨を踏まえ、期

待される監査役像を求めると同時に、監査役が監査を通じて企業の永続的発展に寄与するように、次の各事業を行っています。

① 新任監査役が、監査業務を行うために必要とされる知識、実務指針、情報等の提供
② 監査実務上、解決すべき諸問題に対する共同研究とその成果の公表
③ 監査役制度に関する実態調査の実施、関係資料の収集、保存
④ 監査役相互の情報交換による監査実務上の向上
⑤ 監査役制度に関する関係諸方面への意見具申、建議

日本監査役協会は、監査役の立場を内外に示す唯一の公益法人であり、監査役制度の充実、発展に努めています。

4 内部監査人（会社のなかにもある監査の役割）

◆ 内部監査とは何か

上場企業や非上場企業でも比較的企業規模の大きい企業では、監査役等監査、監査人の監査のほかに、内部監査を実施しています。**内部監査**とは、企業の経営目標の合理的な達成に役立つことを目的として、経営諸活動の遂行状況を検討・評価し、これに基づいて意見を述べ、助言・勧告を行う**監査業務**、および特定の経営諸活動の支援を行う**診断（コンサルティング）業務**です。これらの業務では、**リスク・マネジメント、コントロールおよび組織体のガバナンス・プロセスの有効性**について検討、評価し、この結果としての意見を述べ、その改善のための助言・勧告を行いまたは支援することが重視されています。この内部監査を実施するのが**内部監査人**です。

内部監査の対象とする監査業務は、財務諸表監査と比較して以下の特徴をもっています。まず、内部監査の対象が経営活動や業務活動であり、時々刻々と変化する動的な性質をもつものではありません。財務諸表のようにいったん内容が確定するとその後は変化しないという静的な性質をもつものではありません。また、財務諸表監査が財務情報の監査を行う**情報監査**であることに対して、内部監査は経営活動、業務活動の実態を監査する**実態監査**の面が強いことがあげられます。内部監査は、企業における設置の目的、適用される法令、業種、規模などの特有の条件により、実施の方法はそれぞれの企業で異なります。内部監

査では、そのよりどころとして、(社)日本内部監査協会の公表する内部監査基準があります。そこでは、内部監査の意義、独立性と組織上の位置、品質管理、対象範囲と内容、報告とフォローアップ、内部監査人の能力と正当な注意および内部監査と法定監査の関係が明示されています。

◆ **内部監査がカバーする領域**

内部監査ではどのような領域をカバーするのでしょうか。主たる活動の範囲として、業務監査、財務報告に係る内部統制の評価、コンプライアンス監査をあげることができます。内部監査における業務監査は企業の営業業務、購買業務、固定資産の管理業務等の業務活動を対象とした監査であり、主に業務効率化を図るためや日常手順の浸透を図るため、および従業員の自覚を向上させるために行われます。

財務報告に係る内部統制評価とは、内部監査人が社内の内部統制評価の一翼を担うことを意味しています。内部監査人は少なくとも財務諸表の作成にかかわる一連のプロセスが適正に運用されているかを監査し、そのプロセスに不備があればその内容と改善案を経営者等に報告し、改善を促すことで決算財務報告のプロセスをより適正化することに貢献します。

コンプライアンス監査とは、企業内のすべてのメンバーが法令や会社の定めた手続き・ルール等を遵守するためのサイクルが有効に整備、運用されているかを確認することを目的としています。コンプライアンス監査は、大別してコンプライアンス態勢の整備・運用状況の確認と企業の関連する個別の法令の遵守状況を確認するために行われます。さらに品質監査（ISO9001など）、環境監査（ISO14001など）および情報セキュリティ監査等が内部監査の領域とされる場合もあり、広範囲を対象とするため、実効性のある内部監査を行うためには、**内部監査を統合化して行う**ことが必要とされています。

図表3-6　内部監査人の独立性

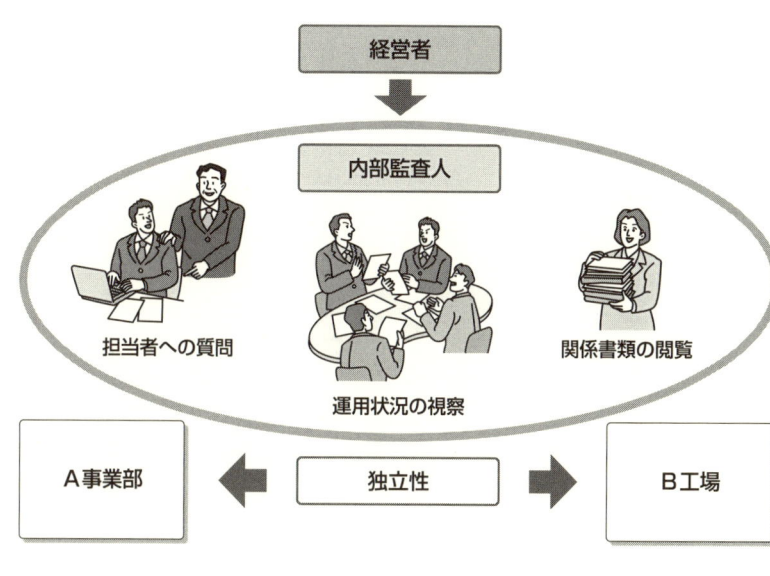

経営者 → 内部監査人

- 担当者への質問
- 運用状況の視察
- 関係書類の閲覧

A事業部 ← 独立性 → B工場

◆会社内部で監査を担当する人（内部監査人）の要件

企業のなかで内部監査人としては、どのような人が就任するのでしょうか。内部監査人が社内の事情に精通しているといった特徴を生かし、会計監査人や監査役と連携して補完的に監査を実践することで、ガバナンスを充実させ、企業経営を適正に行っています。このなかで内部監査人は、少なくとも監査の対象から独立していること、監査業務を遂行することができる能力、および監査の対象となる部門に対して、コンサルティングを実践できることがその要件となります。

◆内部監査人の独立性

内部監査人が、客観的に事実を把握し経営者に報告するためには、監査対象から独立していなければならず、**精神的な独立性**と内部監査部門の**組織的な独立性**を保持することが必要になります。内部監査を有効適切に実践するためには、内部監査人自身が公正で偏らない態度を保持し、内部監査業務の結果について十分

4　内部監査人（会社のなかにもある監査の役割）

な確信をもち、質的な妥協を行わずに業務を遂行する精神的態度を保持することが不可欠になります。

また、監査対象部門から特段の制約を受けることを回避するため、内部監査部門を独立した最高経営者直轄の部門として組織化することが望ましいといえます。内部監査人は原則として当該業務を独立しなければなりませんが、他の業務を兼務せざるを得ない場合は、自己の業務については自己監査に専任しないほど厳格な独立性を、社内の監査人である内部監査人に求めているわけではありませんが、監査人が保持しなければならないほど厳格な独立性を、社内の監査人である内部監査人に求めているわけではありませんが、精神的な独立性と組織的な独立性を保持する必要があります。

◆ 内部監査人とコンサルティング

内部監査人が監査対象部門にコンサルティングを実践するためには、経営の視点を保持することが欠くことができない要件となります。内部監査人が企業の経営にとってどのようなリスクがあるかを洗い出し、そのリスクの高低や発生頻度を考慮して対応すべき手段を検討するリスク・マネジメントや、各部門での意思決定が適正に行われるかどうかについての一連のプロセスの有効性を評価するためには、経営者の視点を理解し、経営者に代替して、日々の業務の状況をモニタリング（監視）することが不可欠となります。特に内部監査部門の責任者は、その視点で業務の遂行を行わなければ実効性のある内部監査が行われない可能性があります。

◆ 内部監査人と組織的監査

また、内部監査人が監査（保証業務）、コンサルティングを遂行するためには、内部監査人個人が業

第3章　監査実施者（監査を実施する当事者）

務遂行のための十分な知識、技能および能力を有していることに加えて、内部監査部門全体で職責を果たすために十分な知識、技能、および能力を有していなければならないといえます。このためには、内部監査部門内での職務の分掌（監査担当役員、監査監督者、情報システム担当者、監査実施責任者、監査補助者等）を明確にし、組織的に内部監査を実施する必要があります。内部監査人が個々の職責を果たすのに必要な知識、技能、能力とは、内部監査の基準を実務に適用する熟達した専門的能力や会社法等の法令、会計、財務、税務、経済、計量的分析手法、情報技術等についての正しい理解のほか、リスク・マネジメント、統制活動およびガバナンスについての理解と自社の状況を掌握する能力が必要といえます。また、監査やコンサルティングの基本である被監査部門や関係者とのコミュニケーションに熟達していなければなりません。グローバルな企業活動を行い、複数の事業部門を有する企業では、人員が内部監査室に十分配属されることが想定されますが、規模がそれほど大きくない企業では、内部監査責任者と若干名の監査補助者で業務を遂行する場合もみられ、この場合には社内の人員を内部監査室に配置するよりも、専門的知識を有する公認会計士やコンサルティング会社へのアウトソーシングを利用することで対応することも考えられます。

◆ 社内で情報をいつ、誰から、どのように入手し、伝達するか？

内部監査を遂行するためには、情報を適時、適切に入手し、その情報を識別、把握、処理したうえで、組織内外および関係者に正しく伝える必要があります。内部監査人が情報を入手する経路としては、経営者、被監査部門、監査役（会）、会計監査人があげられます。情報の入手は、内部監査の計画策定、監査の実施、監査の報告の各段階で適切に行われなければなりません。内部監査計画段階では、経営者

を中心とした内部監査サービスの利用者が内部監査に期待する事項を十分把握したうえで、監査計画を作成するための情報を入手することになります。内部監査への期待の例としては、企業グループ全体のガバナンス体制、リスク・マネジメントプロセスの監査や重要なリスクを有する特定の事業部門もしくは事業拠点、子会社の内部統制の有効性監査などをあげることができます。内部監査実施時においては、監査目的を達成するために有用な情報を収集し、分析、調査を行う必要があります。監査実施過程では、被監査部門の証憑や個々の取引や事象のサンプルを入手し、その内容を分析することで、会社の業務が効率的に行われているか、ルールに準拠して行われているか等の検証を行います。その結果を記録することで、内部監査の情報が蓄積されていきます。監査役(会)および監査人とは、監査の効率性、実効性を高めるとともに、それぞれの特徴を生かして連携して監査を実施する必要があります。監査計画策定時、監査実施時、監査報告時には、監査人と監査役との協議に同席することで、円滑なコミュニケーションをとり、情報の共有化を図ることが可能になります。

◆ガバナンスの充実と会社の健全な組織運営

ガバナンスとは、一般に企業の活動を律する枠組みのことを意味します。企業のなかでも特に上場企業は、国内外の幅広い投資家から資金を集め、収益を獲得し、株主にとっての企業価値を高めることを主要な目的として企業活動を行っています。企業が成果を継続してあげ続けることを、株主をはじめとした利害関係者(ステークホルダー)が合理的に期待するためには、ガバナンスを通じて経営者を動機づけ、あるいは監視することが不可欠になります。ガバナンスの基本的な目的は、企業価値を高めるた

めに、収益力を強化し、経営者の意思決定が株主の利益を阻害し、自らの利益を優先した行動をとらないようにすることと、企業の不祥事を防止することにあります。企業の活動は、多くの分野、地域およびに多様なステークホルダー（株主、債権者、従業員、取引先、地域社会等）との複雑な利害調整を行わずに企業活動は実践できません。企業の利益追求活動が市場原理に則り、公正かつ透明に、社会全体に対して説明可能なものとして、社会的責任を果たしながら遂行することが不可欠になっています。資本市場との関係で考えた場合、特に株主と経営者の関係が重要になります。

◆ **内部監査による経営者が構築した仕組みの検証**

内部監査によるガバナンスを充実させるための本質的な目的は、経営者が構築した企業の活動を律する仕組みが適正に整備・運用されていることを、経営者からの指示を受けて検証することにあります。

内部監査において、各部門の業務が効率的、効果的に行われているかどうか、法令やルールは遵守されているかおよび財務報告に係る情報は適正に報告されているかを各部門での自己点検結果を検討することで評価します。その結果を経営者に報告し不備があれば改善することで、自律的にガバナンスの充実を果たすことが可能になります。

◆ **会社の損失を最小限に抑える仕組み（リスク・マネジメント）とは？**

企業は国内外での活動を実施するうえで、様々なリスクに直面しています。食品を製造している企業であれば、自社の製品が健康に悪影響を与えてしまうリスクや製造ライン、外注加工先で発生するかもしれない操業停止のリスク、ブランドイメージが低下することによる風評のリスクなどのリスクに対応

して、企業活動を行っています。これらのリスクは、すべてを回避することは不可能であるため、企業はまずリスクを識別・認識し、リスクの測定と評価を実施し、リスクへの対応を行い、継続してその結果をモニタリングしています。これらの一連の活動をリスク・マネジメントといいます。内部監査は業務を通じて、企業のリスク・マネジメントの一部、特にモニタリングの機能を担っています。

◆リスクをどのように識別・認識するか？

企業の内外のリスクに対して、その内容に加えて、なぜそのリスクが発生するかを理解してゆく必要があります。企業の属する産業や規制等の外的な要因、企業の事業活動、企業目的および戦略とそれに関連する事業上のリスク、企業の業績の測定と検討および内部統制を把握することでリスクの発生する領域を把握します。このようにリスクの発生する領域は非常に広範囲におよび、些細な事象もその対応を誤れば大きな損失を被る事象に発展する可能性があることから、リスクの認識に関する感知能力を日常から高めておく必要があります。

◆リスクの測定と評価とは？

認識したリスクについては、その重要性や経営に与える影響度を測定する、すなわちリスクを評価しなければなりません。リスクの重要性の評価や影響度を数量化することは一般に困難なため、「高、中、低」のような区分をする場合があります。内部監査では、計画策定時などの定期的な時期や組織再編等で新たな事業に進出する場合や既存の事業の内容が大きく変わった場合などに評価を行います。

◆リスクにどのように対応するか？

企業経営に影響があると認識されたリスクについて、経営者はこの**リスクを回避**する、**リスクを軽減**するまたは**リスクを受容**するという対応をとります。リスクを回避するとは、経営者がリスクを負担できないとして、新規の事業に進出しないことや新製品の発売を見合わせることが考えられます。リスクを軽減するとは、新製品の開発規模の縮小や外貨取引が発生する場合の為替予約などがあげられます。リスクの受容とは、リスクを受け入れながら積極的にリスクを利益獲得の機会として捉えることを意味し、低価格の商品の大量投入や巨額の研究開発投資の実施などがあげられます。内部監査では、リスクの認識とその対応の整合性を評価することになります。

◆会社の不祥事とその予防、発見をどのようにするか？

企業がグローバルで多岐にわたる活動を行うなかで、経営者や従業員が意図的か否かにかかわらず、法令に違反する行為を行ってしまうことがあります。会社の不祥事とは、企業や経営者が引き起こした企業のイメージや信頼を損なわせる行為全般を意味します。犯罪行為や不正行為、重大な事故、手抜きにより引き起こした商品の欠陥や食品の賞味期限の偽装などを意味します。内部監査が企業のすべての不祥事の予防と発見、防止を対象とすることは、その実効性の点でも経済的にも合理的ではありませんが、内部監査が有効に機能することで不祥事の一部を回避することで、リスク・マネジメントを有効に行うことが可能になります。

不祥事の予防、発見のためには、**コンプライアンス監査**が内部監査の一環として行われることがあります。コンプライアンス監査とは、法令や会社の手続き・ルール等を遵守する態勢が企業内に確立され

4　内部監査人（会社のなかにもある監査の役割）

図表3-7　三菱東京UFJ銀行コンプライアンス態勢

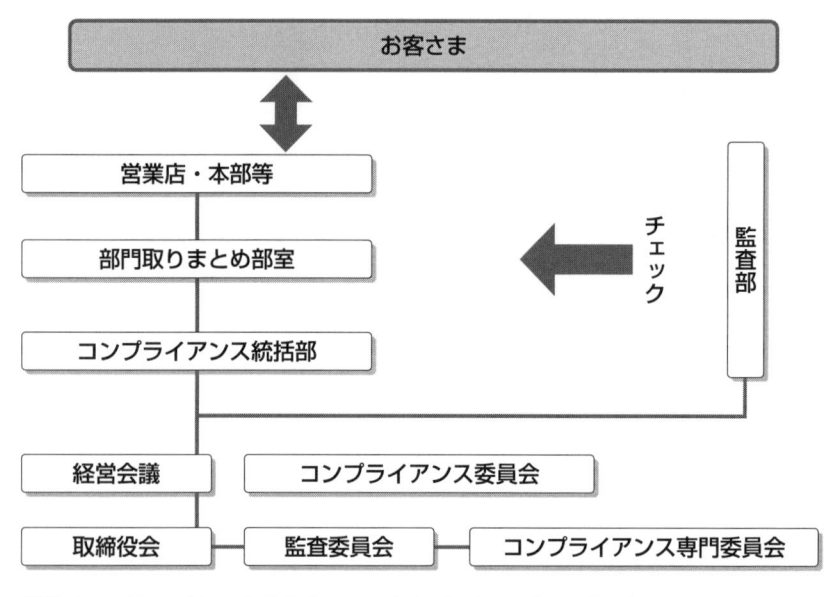

```
                        お客さま
                          ↕
   ┌─────────────┐
   │ 営業店・本部等 │
   └─────────────┘
   ┌─────────────┐                    ┌──────┐
   │ 部門取りまとめ部室 │         ← チェック    │ 監査部 │
   └─────────────┘                    │      │
   ┌─────────────┐                    │      │
   │ コンプライアンス統括部 │─────────────────│      │
   └─────────────┘                    └──────┘
   ┌────────┐ ┌──────────────┐
   │ 経営会議 │ │ コンプライアンス委員会 │
   └────────┘ └──────────────┘
   ┌────────┐ ┌──────────┐ ┌──────────────────┐
   │ 取締役会 │─│ 監査委員会 │ │ コンプライアンス専門委員会 │
   └────────┘ └──────────┘ └──────────────────┘
```

出所：http://www.bk.mufg.jp/minasama/mission/compliance.html

ており、日常業務において、それらが遵守されていることを確かめることを意味します。内部監査協会による「内部監査の取り組み状況」に関するアンケート調査の結果、業務監査と内部統制報告に関する評価に次いで3番目に多く、内部監査の主要なテーマになっていると考えられます。

◆コンプライアンス監査とは

コンプライアンス監査の目的は、コンプライアンス態勢の整備・運用が適正に行われていることと個別法令等の遵守状況を確認することにあります。コンプライアンスの範囲については、法令と企業が定めた社内手続やルールに加えて、企業倫理や経営理念を含めてその対象としている企業も増加しています。内部監査の一環としてコンプライアンス監査を行う場合には、全社的なコンプライアンス態勢を評価するためにコンプライアンス統括部に対して監査を実施

し、倫理・企業基準の文書やコンプライアンスリスクの把握および評価方法、コンプライアンス委員会の活動状況、**内部通報制度**や教育・研修体制の整備・運用状況を検証します。個別法令等に関するコンプライアンス態勢を評価するために、関連する部門が個人情報保護法などの個別法令に対して策定された規程、ガイドライン、マニュアルの整備状況や関係者への周知徹底の施策、関係部門の日常的なモニタリング体制を検証します。内部監査がコンプライアンス監査の機能を担い、他の部門との連携を図ることで、会社の不祥事を予防し、発見することが可能になります。

5 連携（取締役・監査役・内部監査と監査人）

◆監査の専門家が連携すれば（監査人と監査役等とのコミュニケーション）

まず連携の1つである監査人と監査役等とのコミュニケーションについてみることにします。

公認会計士監査制度の充実・強化の観点からも、監査役等は、会計情報などの作成過程の信頼の確保、経営者の職務執行や内部統制システムの実効性に対する監視機能をもっています。監査人と監査役等によるそれぞれの監査は、相互に補完する関係にある必要があり、企業統治の充実からも、相互連携の強化を図っていくべきことはいうまでもありません。つまり、監査人は財務諸表の監査を通じて、ガバナンスの充実・強化に貢献することが期待されているため、監査人は、監査役等と連携することになります。特に財務情報等の作成、経営者の職務執行や内部統制の実効性に関しての監視機能に主に監査役等がその機能を果たしています。これらの監査役等の業務の執行に必要となる事項について、監査上における判断や監査過程における発見事項について、監査人は会計期間の期首の監査計画の策定時から期末の監査報告に至るまで適時に監査役等とコミュニケーションを図ることになります。

監査役等の職務遂行に関連して重要と監査人が判断した事項について、監査役等とコミュニケーションを行いますが、例えば次のような事項が対象となります。

第3章 監査実施者（監査を実施する当事者）　90

図表3-8　連携の全体像

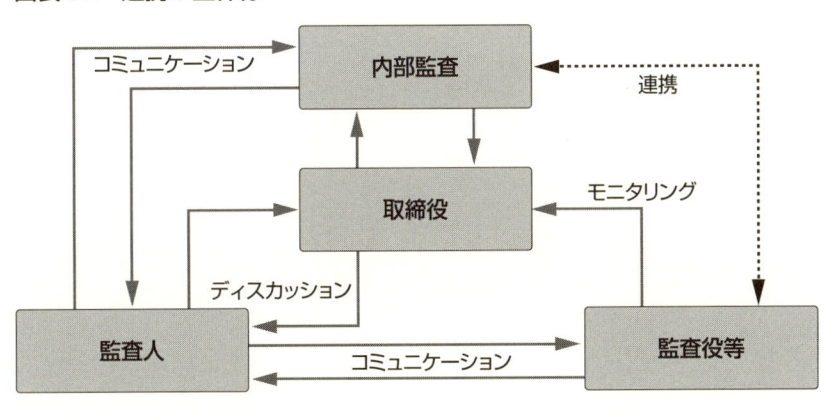

```
                    ┌──────────┐
      コミュニケーション│  内部監査  │←┈┈┈ 連携 ┈┈┈┐
      ┌──────────→│          │              ┊
      │        ↑↓└──────────┘              ┊
      │        ┌──────────┐                   ┊
      │        │  取締役   │← モニタリング ─┐  ┊
      │      ↗│          │                │  ┊
      │      │ └──────────┘                │  ┊
      │      │  ディスカッション              │  ┊
      │      ↓                               │  ┊
   ┌──────────┐                          ┌──────────┐
   │   監査人  │← コミュニケーション →│ 監査役等 │
   │          │                          │          │
   └──────────┘                          └──────────┘
```

① 監査契約締結前に経営者と協議した重要な事項
② 監査人の監査計画に関する事項
③ 内部統制に関する事項
④ 重要な会計方針に関する事項
⑤ 重要な偶発事象および後発事象に関する事項
⑥ 不正・誤謬または違法行為に関する事項
⑦ 継続企業の前提に重要な疑義を抱かせる事象または状況に関する事項
⑧ 財務諸表または監査報告書に重要な影響を及ぼす事項で、経営者と合意に至っていない事項
⑨ 監査報告書における除外事項または追記情報に関する事項

◆ **経営者の考えていることを知っておく（経営者と監査人のディスカッション）**

企業が自ら十分な内部統制制度をつくり、適切に運用することにより、重要な虚偽の表示が行われる可能性を減少させていると、監査も効率的に実施することが可能になります。したがって、リスク・アプローチに基づいて監査を実施するためには、監査人による各リ

スクの評価が重要となります。そのためには、企業をとりまくリスクとして**事業上のリスク**といわれる、景気の動向、企業が属する産業の状況、企業の社会的信用、企業の事業内容、経営者の経営方針や理念、情報技術の利用状況、事業組織や人的構成、経営者や従業員の資質、内部統制の機能、その他経営活動にかかわる情報を入手することが求められます。監査人がこれらの情報の入手やリスクの評価を行うにあたっては、経営者等とのディスカッションが有効であると考えられます。このような手続・手法を通じて、経営者等の認識や評価を理解することが必要となります。

リスクに対して、経営者は企業経営を行っていく過程で、常に意識し対処しており、またこれらのリスクを軽減することが、企業利益を生み出す源泉にもなることを承知しています。その前提にたって経営者は各種判断や意思決定を行っています。そこで、経営者の判断や見積りの結果が財務諸表に現れてくるわけですから、経営者との適時な**ディスカッション**を通じて、監査人も経営者の考えを理解して行く必要があると考えられるからです。

◆ 監査役等と内部監査との連携

法律的に強制されるものではありませんが、経営者のために、各業務部門が内部監査部門が設置されている場合が多くみられます。内部監査部門は、経営者のために、各業務部門について監査を行うことを役割としています。しかし、監査役が業務監査を含めた有効な監査を行うには、内部監査部門のもっている情報を把握して、必要に応じて連携することが重要であると考えられます。

監査委員会は、監査を自ら行うというよりも、監査が有効に行われる環境を企業内において整備し、

第3章 監査実施者（監査を実施する当事者） 92

スタッフにより監査を行うという役割を負っているとされます。この場合、そのスタッフとして機能を担うのが内部監査部門といえます。内部監査人は、通常、経営者（業務執行者）のために監査を行う機能をもつものと考えられています。監査役と同様に監査委員会が有効な監査を行うためには、内部監査部門のもっている情報を把握して、必要に応じて連携するが重要であると考えられます。

◆ **監査人と内部監査の連携**

監査人が、経営管理機構と経営環境に与える影響を把握するためには、内部監査部門のもつ機能からコミュニケーション等により連携を行うことはきわめて有効になります。内部統制は、経営者が経営管理全般を対象として構築するものであり、内部統制組織とそれに影響を与える内部経営環境から構成されます。内部監査は、通常、内部統制組織に含まれます。したがって、監査人は、監査計画の策定にあたり、内部統制の理解の一部としての内部監査の実施状況について理解する必要があります。内部監査は主に監視活動や統制の役割を担うことにより財務諸表およびその作成過程に影響を与えています。監査人が財務諸表に対して監査意見を表明する際に内部監査人に期待することはできません。監査人は自らの監査意見について責任を負うものであって、その責任は内部監査を利用することによって軽減されるものではありません。また内部監査から間接的に入手した監査証拠は、監査人自身が同様の監査手続を実施することにより直接入手できる監査証拠よりも監査証拠としての証明力が弱いことになります。

監査人は、内部監査の有効性を評価して監査を進める場合、内部監査の実施状況を確かめ、有効であると判断した場合には、内部監査を利用して監査を進めることで監査の効率化が可能となります。内部

図表3-9 専門家の業務の利用例

利用する業務	利用する専門家
資産等の評価（例えば，不動産，美術品等についての評価）	不動産鑑定士
数量または状態に関する物理的な特性の判定（例えば，地下鉱物，石油等の実態または埋蔵量の判定）	鑑定士
特殊な数理や方法によって得られる金額の算定（例えば，年金数理計算といった専門化された技術または方法を使用した金額の算定，退職給付債務等に係る数理計算）	年金数理人
高度な情報処理システムに関連する内部統制についての評価	情報処理技術者
ＩＴを利用した情報システムに関連する統制リスクの評価	情報処理技術者
契約，法令等の解釈	弁護士
係争事件等の偶発債務についての評価	弁護士

監査の利用を計画する場合には，内部監査の年間計画を検討し，適時に内部監査の責任者と協議する必要があります。実施する監査手続や時期，内部監査の結果報告等について，事前に合意しておくことが望まれます。監査人の業務に影響を与えるような重要な事実については，監査人は適時に内部監査の責任者から報告を受ける必要が出てきます。また監査人は，通常，内部監査に影響を及ぼし得る重要な事実を内部監査の責任者に報告することにもなるため，相互の連携をより効果的なものとすることができます。

◆ **公認会計士もプロではない部分は他人の知識を借りる（専門家の利用）**

監査人は監査意見を表明するにあたり，十分な監査証拠を入手する必要がありますが，分野によっては公認会計士の資格だけでは，専門性に欠ける場合が出てくることもあります。その場合は，その分野に精通した専門家の業務を利用する場合が考えられます。ここでいう「専門家」とは，会計および監査以外の特定分

◆専門家の利用と監査人の責任

監査人が専門家を監査チームの一員として監査業務に従事させる場合には、**監査業務における品質管理の基準**に従って行うことになります。

監査人は、不動産鑑定士や弁護士のような専門家が有する特定分野の高度の専門的な知識、技能等を有することを、通常、期待されていません。しかし、監査の実施過程において財務諸表に重大な影響を及ぼす可能性のある事項で、その判断に専門的な知識、技能等を必要とする場合が出てきます。このような場合において、**専門家の業務の利用の必要性の有無を判断**する必要性の判断、専門家の能力および客観性の判断、必要に応じ専門家の業務内容の検討、監査報告書への利用の記載は行わない点を考慮します。なお、監査人は、監査証拠として専門家の業務を利用したことを通常は、監査報告書においては記載しません。記載した場合は、監査人が意図しないにもかかわらず、監査意見の限定や責任の分担であると誤解されかねないからです。

専門家には、不動産鑑定士、年金数理人、情報処理技術者、弁護士等が含まれます（図表3-9）。

野における専門的な知識、技能および実務経験をもつ個人または組織体をいいます。専門家には、不動

第4章

内部統制監査の実務

1 内部統制とは

◆内部統制の意味

企業の内部において、違法行為や不正、ミスやエラーなどを防止し、組織が有効かつ効率的に運営されるために各業務に関する基準や手続きを定め、それに基づいて管理・監視・保証を行う一連のプロセスを内部統制といい、そのための仕組みを**内部統制システム**といいます。

従来の内部統制は、財務会計の視点が強調され、財務報告の適正性を確保することを目的とする仕組みとして考えられてきました。しかし1990年代になると会計的な統制以外として、コンプライアンス（法令遵守）、経営方針・業務ルールの遵守、経営および業務の有効性・効率性の向上、リスクマネジメントなどより広い範囲が対象となり、ガバナンスのための機能・役割という管理会計的な側面を強めてきています。内部統制を実施するうえで、ITによって構築された情報システムは大きな助けとなります。従来の内部統制では職務分掌によって業務実行者とチェック担当者を分けるといった、人を通じた相互の牽制が前提となっていましたが、企業の経営資源を有効に活用するという観点から統合的に管理し、経営の効率化を図るための手法と、ITシステムやソフトウェアおよびビジネスプロセス系ツールが開発されてきました。これらを使えば、情報システムへの入力や承認なしに業務を進めることができないようにすることが可能になり、さらに業務遂行の記録・証跡を残すことができるようになります。

第4章 内部統制監査の実務　98

このほか、業務の記録およびその報告や参照を支援し、不正アクセスや情報漏えいなどを防止するセキュリティやアクセス制御システム、会計などの業務システムにおける入力値の正確性を確保するための各種チェック機能などをあげることができます。さらに内部統制の診断や管理を行う専用ソフトウェアも登場しています。

また、こうしたITそのものもシステムダウンや不正侵入などのリスクがあり、業務の有効性・効率性や財務数値の適正性や財務諸表の信頼性、関連法規等の遵守を確保するためには、内部統制の対象として考える必要があります。これを**IT統制**と呼んでいます。

◆ 内部統制制度の導入

米国ではエンロンやワールド・コムの粉飾・経営破綻を受けて、2002（平成14）年に成立したサーベンス・オクスリー（SOX）法で内部統制システムの構築・運用を経営者の義務とし、その監査・監査意見表明を外部監査人に義務づけました。

日本においても2006（平成18）年5月から施行となった会社法において取締役および取締役会に内部統制システム構築を義務づけています。2005（平成17）年8月に経済産業省から「コーポレートガバナンス及びリスク管理・内部統制に関する開示・評価の枠組みについての指針」が公表され、企業が自主的に内部統制システムの構築に取り組む場合に、リスク管理の概念を盛り込んでいます。さらに証券取引法を抜本的に改正した金融商品取引法により、2009（平成21）年3月期の決算から、上場企業に**内部統制報告書**の提出と公認会計士による監査が義務づけられました。

内部統制については、序章および1章で、その仕組みを取り巻く関係者の役割との関係で説明すると

ともに、経営者自らが構築することなどを説明しました。本章では、まず、内部統制に関する制度と法体系を概観します。そのうえで、経営者による内部統制の評価およびその報告と監査人による内部統制の監査と監査結果の報告について、説明します。

2 制度と法体系

◆内部統制の理解にはフレームワークが有用

内部統制とはどのような仕組みでしょうか。監査の基準」によれば、**内部統制**とは、「財務報告に係る内部統制の評価および監査の基準」によれば、**業務の有効性および効率性、財務報告の信頼性、事業活動にかかわる法令等の遵守ならびに資産の保全**の4つの目的が達成されているとの合理的な保証を得るために、業務に組み込まれ、組織内のすべての者によって遂行されるプロセスをいい、**統制環境、リスクの評価と対応、統制活動、情報と伝達、モニタリング（監視活動）、ITへの対応の6つの基本的要素**から構成されています。

内部統制の4つの目的は、それぞれ独立したものではなく、相互に密接に関連しながら、業務に組み込まれ、事業活動を適正に行う基礎となります。金融商品取引法で定められている内部統制の目的は、財務報告の信頼性を確保する体制の構築を意味しますが、この達成のためには他の3つの目的を達成していることが前提になります。

◆財務報告に係る内部統制の基本的要素とは

財務報告に係る内部統制に関する6つの基本的要素を説明します。

図表 4-1　財務報告に係る内部統制の基本的要素

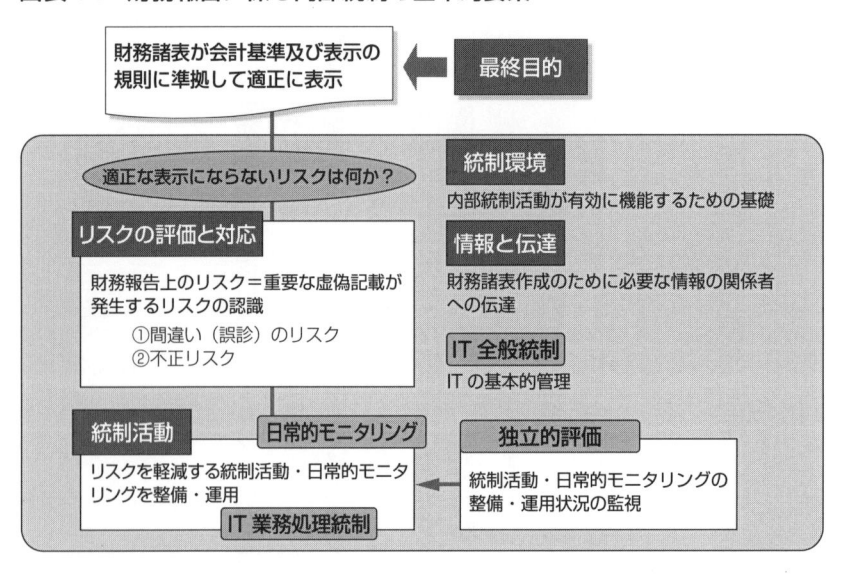

```
                   ┌─────────────────────────┐        ┌──────────┐
                   │財務諸表が会計基準及び表示の│ ◀──── │ 最終目的 │
                   │規則に準拠して適正に表示   │        └──────────┘
                   └─────────────────────────┘
                              │
┌─────────────────────────────▼──────────────────────────────────┐
│ ┌──────────────────────────┐      ┌──────────────┐            │
│ │適正な表示にならないリスクは何か？│      │ 統制環境     │            │
│ └──────────────────────────┘      ├──────────────┘            │
│ ┌──────────────┐                  │内部統制活動が有効に機能するための基礎│
│ │リスクの評価と対応│                  ├──────────────┐            │
│ ├──────────────┘                  │ 情報と伝達   │            │
│ │財務報告上のリスク＝重要な虚偽記載が│ ├──────────────┘            │
│ │発生するリスクの認識              │ │財務諸表作成のために必要な情報の関係者│
│ │ ①間違い（誤診）のリスク          │ │への伝達                      │
│ │ ②不正リスク                     │ ├──────────────┐            │
│ │                                 │ │ IT 全般統制  │            │
│ │                                 │ ├──────────────┘            │
│ │                                 │ │ITの基本的管理               │
│ ┌──────────┐ ┌──────────────┐  ┌──────────────┐              │
│ │ 統制活動 │ │日常的モニタリング│  │ 独立的評価   │              │
│ ├──────────┘ └──────────────┘  ├──────────────┘              │
│ │リスクを軽減する統制活動・日常的モニタ│ │統制活動・日常的モニタリングの│
│ │リングを整備・運用                  │ │整備・運用状況の監視         │
│ │          ┌──────────────┐        │                            │
│ │          │IT 業務処理統制│        │                            │
│ │          └──────────────┘        │                            │
└─────────────────────────────────────────────────────────────────┘
```

　最終的な目的は、財務諸表が会計基準および表示の規則に準拠して、適正に表示されていることが確保されることです。内部統制が有効に機能するためには、経営者および組織内の人員の誠実性や倫理観の保持、経営方針や経営戦略、組織構造や従業員の権限と職責といった**統制環境**が整備されていることが前提となります。また、必要な情報が識別され、処理されて社内外の人員に適時に正しく伝えられる**情報と伝達**が確保されていなければなりません。経営者は、誤謬や不正の発生により、財務諸表に重要な虚偽記載が発生する可能性をリスクとして識別、分析、評価し、当該リスクへの適切な対応を実施する**リスクの評価と対応**を実施しなければなりません。企業活動が円滑に適切に実行されるためには、経営者の指示・命令が社内で適切に実行されることを確保するために定められる方針や手続きを定めた**統制活動**を日常的に実施する必要があります。内部統制が有効に機能していることを継続的に監視するために、**モニタリング（監視活動）**が有効に行われることも不可欠になります。モニタリングには、上席

者による承認手続き等を意味する日常的モニタリングと、監査役や内部監査人が業務担当者から独立した立場で行う独立的評価があります。また、IT（情報技術）抜きでの企業活動は考え難いことから、組織の目的を達成するために基本的な管理方針等を定めるIT全般統制と業務に組み込まれた対応を意味するIT業務処理統制を有効に機能させることで、**ITへの対応**が適正に行われているといえます。

◆ **上場企業の財務諸表の信頼性を高めるためのルール**

内部統制報告制度の目的は、財務報告に係る上場企業の内部統制を強化し、上場企業の財務諸表の信頼性を高め、ディスクロージャーを適正に行うことにあります。金融商品取引法により、財務報告に係る内部統制の経営者（会社の代表者および最高財務責任者）による評価と財務諸表監査と同一の監査人による監査の制度が義務づけられています。有価証券報告書等の開示書類の適正性に関して責任を有するのは、第一義的には経営者であることを明確にしています。内部統制の構築と評価については、経営者の虚偽表示のリスクを把握し分析していくことが重要であり、経営者の経験や知識をもとにして、経営この経営者の評価に関しての**内部統制報告書**について、監査人が監査を行うことで、その適正性が確保される制度となっています。内部統制報告書を提出する会社は、金融商品取引法で規定されている上場企業等（有価証券報告書等を提出しなければならない会社のうち、金融商品取引所に上場されている有価証券の発行会社その他政令で定めるもの）になります。

図表 4-2 財務諸表作成のプロセス

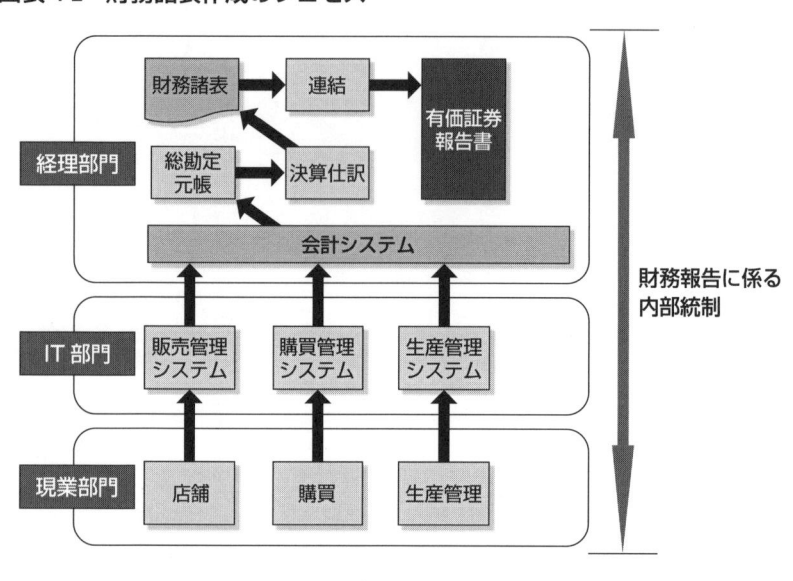

```
経理部門:
  財務諸表 → 連結 → 有価証券報告書
  総勘定元帳 ← 決算仕訳
  会計システム

IT部門:
  販売管理システム、購買管理システム、生産管理システム

現業部門:
  店舗、購買、生産管理
```

財務報告に係る内部統制

◆上場企業における財務諸表の作成プロセスと内部統制

財務諸表の作成にかかわるプロセスとしては、組織の気風や経営者、従業員が有すべき誠実性および倫理観や、経営者が適正な財務諸表を作成する意向や姿勢を有していることを前提とし、これを**全社的な内部統制**として、その整備・運用と評価を行うことになります。具体的な財務諸表の作成は経理部門が中心になって行います。会計システムを通じ、総勘定元帳の作成から決算仕訳を行い、財務諸表を作成し、子会社から入手した財務諸表をもとに連結財務諸表を作成し、有価証券報告書を作成する**決算・財務報告プロセス**があります。さらに、財務諸表の前提となる基礎データに関して情報システム部門や財務諸表の主要な勘定科目である売上、売掛金、棚卸資産等に関係する**業務プロセス**の内部統制についても、整備、運用を行う必要があります。

このように、財務諸表作成のプロセスは、企業内の

第4章 内部統制監査の実務

図表4-3　内部統制に関する会社法と金融商品取引法

	会社法	金融商品取引法
報告書	事業報告	経営者による評価報告
主体	取締役会	経営者
開示の内容	内部統制全般	財務報告に係る内部統制
目的	内部統制に係る取締役会の決議内容の開示	財務報告に係る内部統制評価・監査
監査主体	監査役	監査法人、公認会計士

ほとんどすべての部門が対象になり、経営者に加えて、現業部門やスタッフ部門のすべてを含んだプロセスが評価の対象となります。

◆ **大会社における取締役の適正な職務執行を可能にするシステム**

大会社においては、内部統制システムの構築に関する決定と開示に関しては、「取締役会の権限等」として、「取締役の職務の執行が法令及び定款に適合することを確保するための体制その他株式会社の業務の適正を確保するものとして法務省令で定める体制の整備」を決定しなければならないとされています。決定の内容は事業報告に記載されることにより開示されます。内部統制システムの決定または決議の内容についての概要は事業報告に記載されることにより開示され、内容の相当性が監査役によって監査されます。内部統制システムの概念は、財務報告の信頼性に加えて経営者の監督体制を含めた意味で使用されており、金融商品取引法の概念よりも広い意味で使用されています。内部統制システムの構築およびそれを有効に機能させることは、取締役、監査役の善管注意義務に直結するため、会社法においても、内部統制報告制度を充実させることが必要となります。

◆ 財務諸表の作成にかかる一連のプロセスの妥当性の報告

経営者が、自社の内部統制について決算財務報告に係る内部統制のフレームワークに準拠して評価を行い、その結果につき内部統制報告書を作成し、監査人の監査を受けます。監査人は内部統制報告書の記載内容を監査し、その記載が適正であるかどうかについて、監査報告書で監査意見を表明します。企業の利害関係者は、内部統制報告書を閲覧することで、企業の財務諸表に係る一連のプロセスは適正であることを理解し、財務情報の信頼性が制度として確保されます。

経営者の評価および監査人の評価のプロセスで、内部統制の不備が発見される場合があります。これらの不備がまったく存在しない企業は稀であり、また不備が発見された場合には通常、是正措置をとり、重要な不備が期末日までに是正された場合には、経営者は内部統制は有効であると判断することができます。一方で内部統制の不備のうち、財務報告に重要な影響を及ぼす可能性が高いものが期末時点で是正されず、存在している場合には、経営者は**開示すべき重要な不備**（従来は重要な欠陥と表現されていました）があり、内部統制が有効でない旨を内部統制報告書に記載します。

また経営者が内部統制報告書に開示すべき重要な不備を報告した場合に、その内容を適正に開示しているのであれば、監査人はその評価の内容を監査したうえで、内部統制報告書に対して無限定適正意見を表明します。

3 経営者サイド（経営者が構築する内部統制）

◆ 財務諸表の作成プロセスの評価と報告の流れ

経営者は内部統制の有効性の評価にあたって、連結ベースでの全社的な内部統制の評価を行い、その結果を踏まえて、財務報告に係る重大な虚偽記載に繋がるリスクに着目して、必要な範囲内で業務プロセスに係る内部統制を評価することとしています。評価の範囲については、随時監査人と協議してこれを確認し、最終的に結果を報告します。この評価についての一連の流れを記載すると図表4-4のとおりとなります。

◆ 内部統制の評価における不備の区分

財務報告に関する内部統制が有効に機能していることは、財務報告に係る重大な虚偽記載に繋がるリスクに着目した重要な不備が存在しないことを意味しますので、経営者はこのような内部統制の不備を発生させないように、内部統制を整備、運用しなければなりません。内部統制の評価および報告において、内部統制の不備は、財務報告に与える影響に応じて**「内部統制の不備」**と**「開示すべき重要な不備」**の2つに区分されています。

図表 4-4　財務報告に係る内部統制の評価・報告の流れ

```
┌─────────────────────────────────────────────┐
│ 全社的な内部統制の評価                          │
│   原則すべての事業拠点について全社的な観点で評価   │
└─────────────────────────────────────────────┘
                    ▼
┌─────────────────────────────────────────────┐
│ 決算・財務報告に係る業務プロセスの評価           │
│   全社的な内部統制に準じて評価                   │
└─────────────────────────────────────────────┘
                    ▼
┌─────────────────────────────────────────────┐
│ 決算・財務報告プロセス以外の業務プロセスの評価    │
│   １．重要な事業拠点の選定                      │
│   ２．評価対象とする業務プロセスの識別           │
└─────────────────────────────────────────────┘
                    ▼
┌─────────────────────────────────────────────┐
│ 評価範囲について必要に応じて監査人と協議         │
└─────────────────────────────────────────────┘
                    ▼
┌─────────────────────────────────────────────┐
│ 評価対象とした業務プロセスの評価                │
└─────────────────────────────────────────────┘
                    ▼
┌─────────────────────────────────────────────┐
│ 内部統制の報告                                 │
└─────────────────────────────────────────────┘
```

◆財務諸表全体に影響を与える事項の評価

経営者は、**全社的な内部統制**の整備および運用状況、ならびにその状況が**業務プロセスに係る内部統制**に及ぼす影響の程度を評価しなければなりません。全社的な内部統制とは、企業集団全体にかかわり連結ベースでの財務諸表全体に重要な影響を及ぼす内部統制を意味します。経営者はトップ・ダウンによるリスク・アプローチを採用しているため、まずは全社的な内部統制を評価し、その評価結果を踏まえて、全社的な内部統制では重要な虚偽記載を防止し、発見することができないと判断した業務プロセスに係る内部統制を評価することになります。

全社的な内部統制の評価は、評価対象となる内部統制全体を適切に理解および分析したうえで、必要に応じて関係者への質問や記録の検証を行うことになります。財務報告に係る内部統制に関する評価項目の例として、経営環境、リスクの評価と対応、統制活動、情報と伝達、モニタリングおよびITへの対応として、財務報告に係る内部統制基準・実施基準では40数項目

図表4-5 全社的な内部統制評価の例

		評価項目	評価結果	自己評価 自己評価日：ＸＸ年Ｘ月Ｘ日 自己評価記入者：経理部ＸＸ	根拠文書	有効性評価 評価日：ＸＸ年Ｘ月Ｘ日 評価者：内部監査室ＸＸ	評価結果
1. 統制環境	(1)	経営者は、信頼性のある財務報告を重視し、財務報告に係る内部統制の役割を含め、財務報告の基本方針を明確に示しているか。	Yes	・経営者は、財務報告の重要性を認識しており、経営の基本方針（企業倫理方針、内部統制システムの整備に関する基本方針）、経理規程等の記載を通じて、経営の透明性の確保や説明責任の履行を求めることにより、財務報告の基本方針を明確に示している。 ・また、これらは、社内LANや規程集を通じて全役職員が閲覧可能にされており、金融商品取引法下の内部統制報告制度への対応については、社長およびCFOより直接、本社職員に対し意識の向上を促すため、話題として取り扱っている。	経営の基本方針（企業倫理方針、内部統制システムの整備に関する基本方針）、経理規程	左記の根拠文書及び運用の状況を確認した。	Yes

が例示されています。内部統制評価の実務では、当該事例を参考に、企業独自にカスタマイズした質問書を作成し、担当者が自己評価を行った内容を内部監査人等の評価者が評価することで、全社的な内部統制の評価が行われます。

また全社的な内部統制は、連結会社の他、持分法適用会社を含め、財務報告に対する影響の重要性が僅少なもの、例えば売上高で全体の95％に入らないような連結子会社等を除き、原則としてすべての事業拠点について評価する必要があります。比率等については あくまでも目安であり、機械的に適用されるものではは

ないことに留意する必要があります。

開示すべき重要な不備のうち、全社的な内部統制の不備に起因する事項としては、例えば、次の事項が報告されています。

① 全員が社外取締役である状況において、適時・適切に取締役に情報を伝達する仕組が構築できていなかった。

② 経営方針・経営戦略が未策定で、従来の組織構造や慣行を前提とする、トップ・ダウンによる経営が実施されていた。

◆ 決算業務手続きの評価

決算・財務報告プロセスは、全社的な内部統制の一部として、全社的な観点で評価することが適切な部分と、決算処理手続きのように、業務処理手続きとして、固有の業務プロセスとして評価する両方の性質を備えています。当該プロセスは実施できる頻度が低く（年1回）、評価できる実例の数が少ないことから、より慎重に運用状況の評価を行うことが必要となります。

決算財務報告プロセスで不備が発生された場合には、財務報告に与える影響や、期末までに是正措置を講じることが困難なことから、**開示すべき重要な不備になりやすい**といえます。このうち、決算財務報告プロセスに起因する事項としては、例えば、次の事項が報告されています。

① 繰延税金資産の取り崩しの検討、認識が不十分で、決算修正を実施した。

② 会計基準適用の検討、決算書類の記載内容の確認と承認手続が不十分で、監査人から科目相違、流動・固定区分相違、連結修正仕訳の誤りおよび注記の記載漏れ等、決算・財務報告プロセスの不備

③必要十分なスキルを有する人材の配置ができなかったため、開示資料作成プロセスの品質管理が不十分で、連結財務諸表等において表示に関する重要な修正を実施した。

全社的な内部統制に準じて、全社的な観点で評価される場合の例としては、総勘定元帳から財務諸表を作成する手続き、連結修正手続き、表示の妥当性を検証する手続き等があげられます。これらについては、チェック・リスト（質問書）を利用して全社的な観点から評価を実施することが効率的です。

◆ 財務諸表の誤りが生じやすい業務プロセスの評価

経営者は、重要な事業拠点について、企業の事業目的に大きくかかわる勘定科目とそれに至る業務プロセスを適切に選定しなければなりません。企業の事業目的に大きくかかわる勘定科目の選定としては、一般に**売上**、**売掛金**および**棚卸資産**が例示されています。これらの科目は、財務諸表の利用者が企業の財政状態、経営成績を判断するのに重要と判断して着目する勘定科目であり、過去にも様々な不正会計に利用されてきた勘定科目であるといえます。これらの代表的な科目以外でも、業種の特性を勘案して、勘定科目を選定しなければなりません。

重要な事業拠点における当該勘定科目の金額が、連結財務諸表の金額に対する割合（カバレッジ）を例えば**概ね2／3**と算定しその範囲の事業拠点を評価の対象とします。

また、個別に評価の対象に追加すべき業務については、評価の対象に加えなければなりません。これらの取引の例として、金融取引、デリバティブ取引や価格変動が激しい棚卸資産を保有している場合等

111　3　経営者サイド（経営者が構築する内部統制）

図表4-6 業務プロセス評価の文書のイメージ

業務記述書	業務フロー	リスクコントロールマトリクス
該当するプロセスで行っている業務を手順どおりに記載する。	①業務記述書に記載した内容を業務フローに記載する。 ②リスクが発生する場所を特定する。	業務フロー上で特定したリスクの軽減のために実施しているコントロールを具体的に記載する。

会社名：○○株式会社
組織名称：＊＊＊
サイクル：売上　プロセス：受注
1. ・・・・・・・・
2. ・・・・・・(A-1)
3. ・・・・・・・
4. ・・・・・・・

会社名：○○株式会社
組織名称：＊＊＊
サイクル：売上　プロセス：受注
（業務フロー図／A-1）

会社名：○○株式会社
組織名称：＊＊＊
サイクル：売上　プロセス：受注
リスク（A-1）・・・・・・
コントロール（C-1）

リスクの番号を関連付ける。

をあげることができます。また、**見積り**や経営者による**予測**をともなう重要な勘定科目に係るプロセスである各種引当金計上、固定資産の減損処理や資産除去債務の計上処理、繰延税金資産の回収可能性については、決算財務報告プロセスとあわせて、評価の対象に加えるかどうかを検討することが望まれます。

これらの業務プロセスの評価を行うために作成する文書としては、例えば、**業務記述書**、**業務フロー**（業務の流れ図）、**リスクコントロールマトリクス（RCM）**をあげることができます。これらの文書と関連のイメージは、図表4-6のとおりです。これらの文書に起因する事項としては、例えば、下記の事項が報告されています。

開示すべき重要な不備のうち、業務プロセスに起因する事項としては、例えば、下記の事項が報告されています。

①建設事業における売上・棚卸に係る業務プロセスにおいて、適正な収益・原価計上に必要な契約内容の検討および承認手続きの運用が不十分で、運用評価の過程において多数の不備が発生した。

②実地棚卸に関する社内規程が周知、運用されてお

らず、担当者以外の確認手続が不十分で、関連科目の計上額に十分な信頼性が得られなかった。

③子会社の売上プロセスにおいて、商慣習上顧客との間に契約書が一部締結されず、売り上げの基礎となる納品の事実を証する書類などを取り交わすことなく業務を遂行していたことが発見された。

◆ 財務諸表作成のプロセスに問題があった場合の対応

内部統制の構築および評価の過程で、内部統制の不備が検出された場合には、未整備のものについては整備を行い、運用上の不備についてはその是正を行う必要があります。これらの不備が期中に検出された場合には、**期末日までの是正措置**が取られることになります。仮に期末時点で不備が是正されなかった場合、発生可能性が低いものや影響が軽微なものを除き、開示すべき重要な不備とされることになります。この不備は是正されることを前提としていますが、開示すべき重要な不備が記載された財務情報を利用する場合に、財務報告に係る内部統制について、今後改善を要する重要な課題があることにつき、注意することになります。

企業の利害関係者は、有価証券報告書に記載された財務情報を利用する場合に、財務報告に係る内部統制報告書の提出日までに開示すべき重要な不備が是正されていない場合には、当該計画をあわせて記載することができます。内部統制報告制度で考慮すべき重要性は、**金額的な重要性と質的な重要性**に分けることができます。金額的な重要性とは、財務諸表の信頼性にかかわることから、財務諸表監査における重要性と同一になると考えられ、連結総資産、連結売上高、税金等調整前当期純利益等に対する比率で判断することになります。

質的な重要性は、実施基準において上場廃止基準や財務制限条項、関連当事者との取引や大株主の状

況に関する記載事項があげられます。これらの重要性を考慮して、内部統制の不備を検討することになります。

◆ 経営者によるプロセスの良否の報告

経営者は内部統制報告書を作成し、内部統制に関する評価を報告しなければなりません。内部統制報告書には代表者、最高財務責任者の氏名、財務報告に関する内部統制の基本的枠組みに関する事項、評価の範囲、基準日、および評価手続きに関する事項を記載し、特に評価の範囲を詳細に記述しなければなりません。評価結果に関する事項としては、「財務報告に係る内部統制は有効である」、「評価手続きの一部が実施できなかったが、財務報告に係る内部統制は有効である旨及び実施できなかった評価手続き及びその理由」、「開示すべき重要な不備があり、財務報告に係る内部統制は有効でない旨並びにその開示すべき重要な不備及びそれが事業年度の翌日までに是正されなかった理由」、「重要な評価手続きが実施できなかったため、財務報告に係る内部統制の評価結果を表明できない旨並びに実施できなかった評価手続き及びその理由」の4つのパターンが考えられます。内部統制報告制度3年目である2011（平成23）年3月31日を基準日とした内部統制報告書の約99％の企業が、財務報告に係る内部統制は有効であると報告しており、開示すべき重要な不備を報告した企業は相対的に非常に少ない状況です。

4 監査人サイド（監査人が実施する内部統制監査）

◆ 財務諸表の監査とその作成プロセスの監査

内部統制監査は財務諸表監査と同一の監査人により、**一体**で**実施**されます。内部統制監査の目的は、経営者の作成した内部統制報告書が、一般に公正妥当と認められる内部統制の評価の基準に準拠して、内部統制の有効性の評価結果をすべての重要な点において適正に表示しているかどうかについて監査意見として表明することにあります。

従来、監査人は、財務諸表監査を実施する過程で内部統制の評価を行っていましたが、内部統制監査では経営者の評価の結果を検証して、内部統制報告書の記載が適正であるかどうかについて意見を表明する点が大きく異なっています。

監査人は経営者により決定された内部統制の評価範囲の妥当性を判断するために、経営者が当該範囲を決定した方法およびその根拠の合理性を検討しなければなりません。監査人は経営者が選定した評価範囲とその根拠を含む資料を入手し、経営者との協議等を通じて、評価範囲の決定方針を理解します。監査人は経営者が採用した評価範囲の決定やその適用が適切でないと判断した場合には、経営者に対して評価範囲の見直しを促し、追加的な作業を求めることになります。

図表 4-7 財務諸表監査と内部統制監査の関係

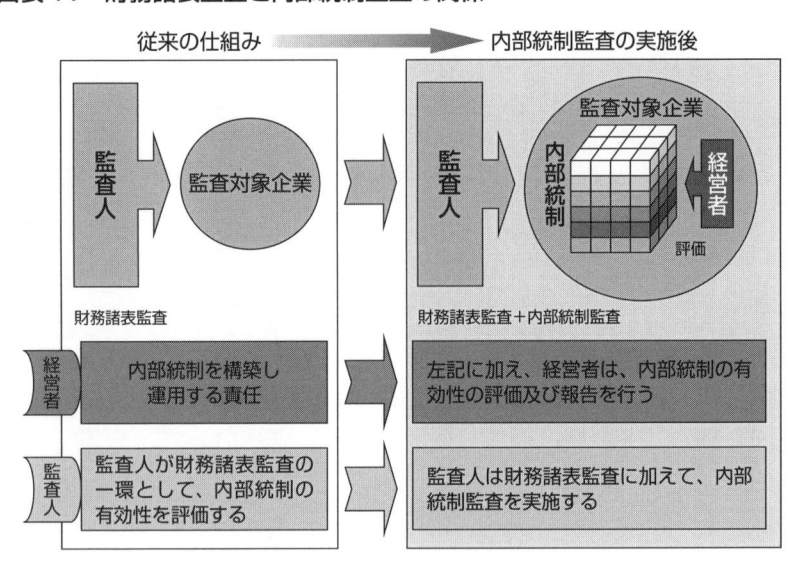

	従来の仕組み → 内部統制監査の実施後
	監査人 → 監査対象企業　　　監査人 → 監査対象企業（内部統制／経営者／評価）
	財務諸表監査　　　　　　　　財務諸表監査＋内部統制監査
経営者	内部統制を構築し運用する責任　→　左記に加え、経営者は、内部統制の有効性の評価及び報告を行う
監査人	監査人が財務諸表監査の一環として、内部統制の有効性を評価する　→　監査人は財務諸表監査に加えて、内部統制監査を実施する

◆ **財務諸表全体に影響を与える事項の監査**

監査人は、全社統制に係る内部統制を企業が評価を行った**チェック・リスト（質問書）**により、経営者が実施した全社的な内部統制の整備状況と運用状況の評価の妥当性を検証します。全社統制に関しては、原則として、すべての事業拠点につき、評価されていることを確かめる必要があります。整備状況の評価の検討は、質問書の内容が企業の状況に即した適正な内容になっているかどうかを検討し、経営者の作成した内部統制の記録の閲覧や経営者等に対する質問を通じて、各評価項目についての経営者の評価結果とその根拠を確認し、経営者の行った評価の妥当性を判断することになります。運用状況の評価の検討は担当者への質問、関連文書の閲覧、観察、再実施をあげることができます。

◆ **決算業務手続きの監査**

決算・財務報告プロセスは、主に経理部門が担当する月次の合計残高試算表等の作成、個別財務諸表、連

結財務諸表を含む有価証券報告書を作成する一連の過程を意味します。監査人が決算・財務報告プロセスの評価を行う場合、全社的な内部統制に準じて評価を行った項目については、経営者が評価を行ったチェック・リスト（質問書）の検証により評価の妥当性を検証します。また財務報告への影響を考慮して個別に評価対象に追加するプロセスについては、フローチャート等の記録を入手し、当該プロセスの内部統制の整備状況や運用状況の評価が妥当であるかどうかを確かめなければなりません。

また、内部統制報告制度による年度決算の評価は年1回ですので、財務諸表監査手続きのなかで、重要な不備を検出した場合には、期末日までの是正措置ができないため、開示すべき重要な不備になる可能性があると考えられます。このため、内部統制の評価時期を必ずしも当期の期末日以降ではなく、前年度の運用状況や四半期決算等の作業を通じ、期中において検証しておくことが効果的かつ効率的であるものといえます。

決算・財務報告プロセスでは、決算処理手続、連結財務諸表の作成等を通じ、一般に数値データの計算、集計、分析、加工等に用いられる表計算ソフト（スプレッドシート）が広く利用されています。スプレッドシートにアクセス制御、変更管理、バックアップ等の対応やマクロや計算式の検証が行われていることを検討しなければなりません。

◆ **財務諸表の誤りが生じやすい業務プロセスの監査**

監査人は、重要な事業拠点における業務プロセスの識別が適正に行われているかどうかについて、経営者が行った評価の妥当性を関連する文書を検証することで判断します。関連する文書とは、業務記述書、業務フロー、リスクコントロールマトリクス（RCM）を意味します。

評価の結果、業務プロセ

スに係る内部統制の不備が検出された場合には、それらの不備を単独でまたは同じ財務諸表項目に影響を与えるものについては組み合わせて、不備内容を取り纏めます。この集約した不備が開示すべき重要な不備に該当するかどうかは、不備の影響の大きさと重要な虚偽記載の発生可能性を考慮して決定することになります。

不備の金額が監査上の金額的な重要性を超過しており、その発生可能性が低いと判断できない場合には、財務諸表に重要な影響を及ぼす可能性が高いとして、開示すべき重要な不備と記載されることになります。

◆ **財務諸表作成のプロセスに問題があった場合にどのような対応をするか**

財務諸表作成のプロセスに問題があった場合に、内部統制監査の実施過程で、経営者がすでに開示すべき重要な不備を識別している場合と監査人が内部統制監査の実施過程で、開示すべき重要な不備を識別する場合が考えられます。前者の場合には、その判断基準に照らし、経営者の評価結果、経営者が当該評価結果を得るのに至った根拠等を確認し、経営者の評価が妥当であるかどうかを検討します。重要な不備について、期末日までに是正措置を行った場合には経営者が行った評価が妥当であるかどうかを確認します。監査人が内部統制監査の実施において、開示すべき重要な不備を発見した場合には、経営者に報告して是正を求めるとともに、当該重要な不備の是正措置を適時に確認しなければなりません。監査人は開示すべき重要な不備以外の発見を積極的に期待されているわけではありませんが、監査の過程で内部統制の不備を発見した場合には、適切な管理者に報告しなければなりません。

さらに監査人が内部統制監査の実施において、不正または法令に違反する重要な事実を発見した場合

第4章 内部統制監査の実務　　118

図表4-8　内部統制監査報告書のレイアウト

```
            独立監査人の監査報告書及び内部統制監査報告書
                                                    平成X年X月X日
ＸＸ株式会社
取締役会　御中
                         ○○○監査法人
                         指定社員　　　　　公認会計士○○
                         業務執行社員

                         指定社員　　　　　公認会計士○○
                         業務執行社員

〈財務諸表監査〉
財務諸表監査の部分は省略（第5章参照）

〈内部統制監査〉
内部統制監査の対象　　　　　　　　　○○○
内部統制報告書に対する経営者の責任　○○○
監査人の責任　　　　　　　　　　　　○○○
監査意見　　　　　　　　　　　　　　○○○

追記情報　　　開示すべき重要な不備がある旨、当該不備を是正するために実施され
　　　　　　　た措置後発事象等。強調事項とその他の事項がある。

利害関係　　　　　　　　　　　　　　○○○
```

◆経営者が作成した内部統制報告書の監査

監査人は、経営者が作成した内部統制報告書の内容を検証し内部統制監査報告書において財務諸表監査と一体で監査意見を表明しなければなりません。

内部統制監査報告書には、内部統制監査の対象、内部統制報告書に対する経営者の責任、監査人の責任、監査意見、追記情報および公認会計士法の規定により明示すべき利害関係を記載します。追記情報は、監査人が内部統制報告書の記載について強調することが

には、経営者、取締役会および監査役または監査委員に報告して適切な対応を求めるとともに、内部統制の有効性に及ぼす影響の程度について評価しなければなりません。

適当と判断とした強調事項と、その他説明することが適当と判断したその他の事項がありま す。財務諸表監査と同様の要件の記載のほかに、経営者が作成した内部統制報告書がすべての重要な点において適正に表示されているかどうかについて意見を表明するものであり、二重責任が明確化されています。

監査意見には、無限定適正意見、意見に関する除外事項を付した限定付適正意見および不適正意見があります。ここで重要な監査手続等を実施できなかったこと等により、内部統制報告書に対する意見表明のための基礎を得ることができなかった場合には、意見を表明することはできません（意見不表明）。

また、訂正有価証券報告書を提出した場合に、内部統制に開示すべき重要な不備があり内部統制報告書が訂正される場合には、訂正内部統制報告書が提出されることになり、改めて監査意見が表明されます。

第5章

監査実務

1 監査適用法令

◆ 監査人の依拠すべき監査の基本基準

監査人が依拠しなければならない基準としては、まずは**監査基準**をあげることができます。監査基準とは、「監査実務のなかに慣行として発達したもののなかから、一般に公正妥当と認められるところを帰納要約した原則であって、職業監査人が、財務諸表の監査を行うにあたり、法令によって強制されなくても常にこれを遵守しなければならないものである」とされています。監査基準は法的拘束力を有するものではありませんが、監査人が監査を実施する際には必ず遵守すべき**規範**として位置づけられています。

監査基準は、監査に従事する関係者に明示されることにより、利害関係者の利害を合理的に調整し、監査制度を確立し、維持するための社会的な基準として取り扱われ、監査人が監査基準に準拠して実施した監査は、公正妥当な監査として企業の利害関係者から受け入れられることになります。このように監査基準は、実務を反映して作成された規範であるため、現実に適合する形で弾力的に改正される性質を有しています。

◆ 公認会計士が遵守すべき法令等

公認会計士が遵守すべき法令には、自らの存在のよりどころである**公認会計士法**、およびその実施の

ために詳細を定めた公認会計士法施行令および公認会計士法施行規則をあげることができます。公認会計士法では、「公認会計士は、監査及び会計の専門家として、独立した立場において、財務書類その他の財務に関する情報の信頼性を確保することにより会社等の公正な事業活動、投資者及び債権者の保護等を図り、もつて国民生活の健全な発展に寄与することを使命とする」ことを定めています。

公認会計士の業務は、「公認会計士は、他人の求めに応じて報酬を得て、財務書類の監査又は証明をすることを業とする」としており、財務諸表監査において、独占的に業務を遂行することが可能な職業で、監査および会計の専門家として、わが国の経済基盤を支える幅広い役割を果たしています。公認会計士が監査および会計の専門家としての資質の維持・向上、および公認会計士の監査環境等の変化への適応を支援するために、日本公認会計士協会は会員に対して**継続的専門研修**（CPE）を履修することを義務づけています。

また、公認会計士は財務諸表監査において、監査の公正性と信頼性を維持するために、被監査会社のみならず、何人からも独立した第三者としての業務を行うことが制限されています。例えば公認会計士またはその配偶者が役員等として財務に対する事務の責任者であるか、1年以内に役員等であった場合や**著しい利害関係**を有している場合には、財務諸表監査を行うことができません。公認会計士は、**独立性**の保持を果たさなければならず、特定の事項についての業務を行うことが制限されています。例えば公認会計士は、自己監査の防止や、独立性が外部から疑われる状況を回避し、監査の信頼性を向上させています。

◆**上場企業の監査、大会社の監査において公認会計士が遵守すべき法令、法規等**

公認会計士が行う監査は、独立した第三者として企業等の財務情報について監査を行い、財務情報の

適正性を利害関係者に対して保証しており、監査を受ける対象や遵守すべき法令によって、様々な監査があります。特定の有価証券を発行する企業が提出する有価証券報告書等に含まれる「財務計算に関する書類」(貸借対照表、損益計算書、キャッシュ・フロー計算書等)および「内部統制報告書」には、公認会計士または監査法人の監査証明を受けなければなりません。会社法での大会社および委員会設置会社は、会計監査人をおくことが義務づけられており、株式会社の計算書類およびその附属明細書、連結計算書類を監査します。

これらの監査を行うにあたり、公認会計士はそれぞれの監査対象の根拠となる法令に準拠して監査を実施しなければなりません。**金融商品取引法監査**では、財務計算に関する書類(財務諸表)は、連結財務諸表等規則・同ガイドライン等の規則、内部統制府令や同ガイドライン等の法規に準拠して監査を行う必要があります。**会社法監査**では、計算書類は会社計算規則に準拠して作成されるため、会社計算規則に準拠して作成されているかどうかを監査する必要があります。監査対象はそれぞれの根拠となる法令による監査を実施する場合にも準拠しなければならない規範であり、監査基準に準拠した監査を実施することで、実質的には監査の利害関係者が合意できる水準の監査を実施することが可能になります。

◆企業および経営者の判断の根拠となる会計の基準

経営者は、財務諸表を作成する場合に、企業の財政状態、経営成績およびキャッシュ・フローの状況をすべての重要な点において適正に表示するように、一般に公正妥当と認められる企業会計の基準を適用しなければなりません。一般に公正妥当と認められる企業会計の基準を例示すると次のようになります。

① 企業会計審議会または企業会計基準委員会から公表された会計基準
② 企業会計基準委員会から公表された企業会計基準適用指針および実務対応報告
③ 日本公認会計士協会から公表された会計制度委員会等の実務指針およびQ&A
④ 一般に認められる会計実務慣行

◆監査人の実務上のガイドライン

一方で監査人は、企業の財政状態、経営成績、およびキャッシュ・フローの状況をすべての重要な点において適正に表示しているかどうかについて、一般に公正妥当と認められる監査の基準に準拠して監査を実施し、監査意見を表明する必要があります。財務諸表の作成時には会計基準に準拠し、その監査を行う場合には監査基準に準拠しますので、両者は密接不可分な基準といえます。一般に公正妥当と認められる監査の基準を例示すると次のようになります。

① 企業会計審議会から公表された監査基準
② 日本公認会計士協会の指針
　・監査基準委員会報告書
　・監査委員会報告
　・業種別監査委員会報告および銀行等監査特別委員会報告
　・ＩＴ委員会報告
③ 一般に認められる監査実務慣行

2 監査報告書（経営者確認書・継続企業）

◆ 監査の結果を目にみえるようにしたら？

監査人が実施した財務諸表監査の結果は**監査報告書**を財務諸表に添付することにより公表されます。なお、平成24年3月以降の決算に係る財務諸表の監査では、平成22年3月改正監査基準が適用されています。この場合、監査報告書の記載事項の概要は次のとおりです。

監査報告書の記載内容（財務諸表等の監査証明に関する内閣府令および日本公認会計士協会の報告書の文例）は次のようになります。

表題は、独立監査人の監査報告書となります。

監査実施者として、監査法人と関与した社員を明記します。

監査の具体的な内容として、監査の対象を記載します。対象の中身は次の事項が列挙されます。

① 監査対象である財務諸表を作成している企業の名前
② 財務諸表が監査されている旨・財務諸表の名称・関連する注記
③ 財務諸表が対象とする日付又は期間

次に財務諸表に対する経営者の責任と監査人の責任を区分して記載します。

① 監査の対象、② 財務諸表に対する経営者の責任、③ 監査人の責任、④ 監査意見

第5章 監査実務　126

図表5-1　監査報告書（金融商品取引法・連結財務諸表）のレイアウト

```
                    独立監査人の監査報告書

XX株式会社                                      平成X年X月X日
取締役会　御中
                ○○○監査法人
                指定社員                    公認会計士　○○
                業務執行社員

                指定社員                    公認会計士　○○
                業務執行社員

監査の対象                    ○○○
連結財務諸表に対する経営者の責任    ○○○
監査人の責任                  ○○○
監査意見                     ○○○
追記情報（該当事項がない場合には表示されない）    ○○○
利害関係           ○○○
```

監査の結果として、監査人の意見を表明します。その詳細は内閣府令に定められています。その内容は、「監査の対象となった財務諸表等が、一般に公正妥当と認められる企業会計の基準に準拠して、当該財務諸表等に係る事業年度（連結財務諸表の場合には、連結事業年度）の財政状態、経営成績及びキャッシュ・フローの状況をすべての重要な点において適正に表示しているかどうかについての意見」です。

追加すべき情報があれば、監査人が追記情報として、説明または強調することが適当と判断した事項を追記します。

監査人が第三者である点から公認会計士法の規定により明示すべき利害関係を記載します。通常は「ない」となります。また監査報告書において意見を表明するには必ず審査を受ける必要があります（図表5-2）。

◆ 監査意見の種類と背景（監査人のお墨付きが得られる場合と得られない場合）

監査意見は無限定意見と除外事項付意見（限定意見、否定的意見、意見不表明）があります。

監査人は、財務諸表が、すべての重要な点において、適用される財務報告の枠組みに準拠して作成されていると認める場合、無限定意見を表明しなければなりません。一方、監査人は、入手した監査証拠に基づき、全体としての財務諸表に重要な虚偽表示があると認める場合、または全体としての財務諸表に重要な虚偽表示がないと認めるための十分かつ適切な監査証拠を入手できない場合には、監査報告書において除外事項付意見を表明しなければなりません。

広範囲の利用者に共通する財務情報に対するニーズを満たすように策定された財務報告の枠組みを一般目的の財務報告の枠組みといい適正表示の枠組みと準拠性の枠組みがあります。

「適正表示の枠組み」は、その財務報告の枠組みにおいて要求されている事項の遵守が要求され、かつ、以下のいずれかを満たす財務報告の枠組みに対して使用されます。

① 財務諸表の適正表示を達成するため、財務報告の枠組みにおいて具体的に要求されている以上の開示を行うことが必要な場合があること。

② 財務諸表の適正表示を達成するため、財務報告の枠組みにおいて明示的に認められていること、ただし、このような離脱は、非常にまれな状況においてのみ必要となることが想定されていること

「準拠性の枠組み」は、その財務報告の枠組みにおいて要求される事項の遵守が要求されるのみで、さきの①および②のいずれも満たさない財務報告の枠組みに対して使用されます。

第5章 監査実務

図表 5-2　監査意見表明までの審査（監査法人の審査体制）

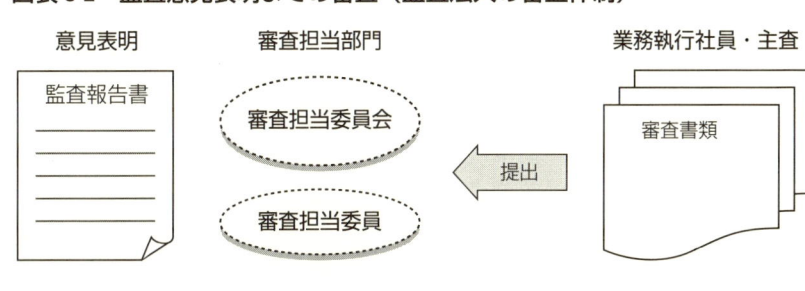

意見表明　　　　審査担当部門　　　　　　　　業務執行社員・主査

監査報告書　　　審査担当委員会　　←提出　　　審査書類
　　　　　　　　審査担当委員

除外事項付意見とは、限定意見、否定的意見または意見不表明をいいます。除外事項付意見の表明が必要とされる場合は以下のとおりです。

監査人は、以下の場合、監査報告書において除外事項付意見を表明しなければなりません。

(1) 監査人が自ら入手した監査証拠に基づいて、全体としての財務諸表に重要な虚偽表示があると判断する場合

(2) 監査人が、全体としての財務諸表に重要な虚偽表示がないと判断するための十分かつ適切な監査証拠を入手できない場合

除外事項付意見の類型は次のようになります。

① 限定意見：監査人は、以下の場合、限定意見を表明しなければなりません。

・監査人が、十分かつ適切な監査証拠を入手した結果、虚偽表示が財務諸表に及ぼす影響が、個別にまたは集計した場合に、重要であるが広範ではないと判断する場合

・監査人が、無限定意見表明の基礎となる十分かつ適切な監査証拠を入手できず、かつ、未発見の虚偽表示がもしあるとすれば、それが財務諸表に及ぼす可能性のある影響が、重要であるが広範ではないと判断する場合

② 否定的意見：監査人は、十分かつ適切な監査証拠を入手した結果、虚偽表示が財務諸表に及ぼす影響が、個別にまたは集計した場合に、重要かつ広範であると判断する場合には、否定的意見を表明しなければなりません。

③意見不表明：監査人は、意見表明の基礎となる十分かつ適切な監査証拠を入手できず、かつ、未発見の虚偽表示がもしあるとすれば、それが財務諸表に及ぼす可能性のある影響が、重要かつ広範であると判断する場合には、意見を表明してはなりません。また監査人は、複数の不確実性をともなうきわめてまれな状況において、たとえ個々の不確実性については十分かつ適切な監査証拠を入手したとしても、それらが財務諸表に及ぼす可能性のある累積的影響が複合的かつ多岐にわたるため、財務諸表に対する意見を形成できないと判断する場合にも、意見を表明してはなりません。

◆ 経営者確認書のあるべき内容と必要性（経営者って会計のことを本当に知っているの？）

監査人は経営者が作成した財務諸表に対して監査意見を表明するのですが、企業側の責任者である経営者が財務諸表と監査人の監査について理解して監査に協力するのでなければ監査は成立しません。逆に監査に際しての経営者の理解があれば、監査作業の効率性は向上します。このようなことから経営者から書面により財務諸表の適正表示に関する経営者と監査人の責任の所在と監査のありようについて確認します。

経営者の確認書により確認すべき事項は

① 財務諸表を作成する責任は経営者にあること
② 内部統制の構築・維持する責任が経営者にあること
③ 監査の実施に必要なすべての資料を経営者へ提供したこと
④ 重要な偶発事象、後発事象等に関する有無と内容
⑤ 監査実施時の口頭確認事項の文書による確認と追加確認

第5章 監査実務

図表 5-3　経営者確認書の作成例
【金融商品取引法に基づく監査で有限責任監査法人の場合】

X年X月X日

有限責任監査法人　〇〇
指定有限責任社員
業務執行社員　公認会計士　〇〇

　　　　　　　　　　　　　　　　　　　〇〇株式会社
　　　　　　　　　　　　　　　　　　　代表取締役　〇〇　〇〇（署名）
　　　　　　　　　　　　　　　　　　　財務・経理担当取締役　〇〇　〇〇（署名）

　当社の有価証券報告書に含まれる第 × 期事業年度（自 × 年 × 月 × 日　至 × 年 × 月 × 日）の財務諸表の監査に関連して、私たちが知り得る限りにおいて下記のとおりであることを確認いたします。なお、財務諸表等の作成責任は、経営者にあることを承知しております。

記

1．財務諸表等は適正表示されております。
2．重要な取引は財務諸表等及び会計記録へ網羅的に記載しております。
3．適正な財務諸表の作成するための内部統制の構築・維持責任は経営者にあると認識しております。

・
・
・
・

以上

（注）① 作成は会社の公式のレターヘッド入りの用紙を使用し作成者自身が署名するのが望ましいですが、署名は欧米的慣行で、経営者にも負担がかかるため、記名捺印での作成も認められています。
　　　② 監査基準委員会報告書第3号（平成20年10月31日改正）を参考に作成しました。

図表 5-4　継続企業についての追記情報の記載例

　継続企業の前提に疑義を生じさせる状況が存在するが、無限定適正意見を表明する場合

（文例の前提となる状況）
　継続企業の前提に重要な疑義を生じさせるような事象又は状況が存在する場合であって、当該事象又は状況を解消し、又は改善するための対応をしてもなお継続企業の前提に関する重要な不確実性が認められるが、継続企業を前提として連結財務諸表を作成することは適切であり、かつ、継続企業の前提に関する事項の開示が適切と判断する場合

　対応策及び継続企業の前提に関する重要な不確実性が認められる理由について、財務諸表における該当部分を参照する場合の文例

> 強調事項
> 　継続企業の前提に関する注記に記載されているとおり、会社は……の状況にあり、継続企業の前提に重要な疑義を生じさせるような状況が存在しており、現時点では継続企業の前提に関する重要な不確実性が認められる。なお、当該状況に対する対応策及び重要な不確実性が認められる理由については当該注記に記載されている。連結財務諸表は継続企業を前提として作成されており、このような重要な不確実性の影響は連結財務諸表に反映されていない。

⑥経営者の意思や判断に依存している事項についての確認

⑦監査人がリスク対応手続で発見した虚偽表示で訂正していないものの影響が個別にも、集計しても財務諸表全体の適正表示に影響しないことなどとなっています。

なお確認書の様式および記載例は図表5-3のようになります。

◆**事業継続の危機と監査の対応**

財務諸表は**継続企業の前提**（企業は将来にわたって事業活動を継続するとの前提）に基づき作成されているため、継続企業の前提に疑義が生じた場合には、通常の財務諸表は情報としての意味を失います。経営者は継続企業の前提が成立していて継続企業の前提に基づいて財務諸表を作成できるか否か判断する責任があります。評価には継続企業の前提に重要な疑義を生じさせるような事象または状況が存在するかどうか、ま

第5章　監査実務　　132

た存在する場合にそれを解消・改善するための対応策はどうかについてを含んで行います。利用可能な情報に基づき、少なくとも貸借対照表日の翌日から1年間は企業が継続できるかどうかについて、判断が求められます。その結果、なお**重要な不確実性**が認められるときは、継続企業の前提に関する事項を財務諸表に注記することが求められます。

◆ 監査報告書にみる企業危機の実態

インターネットが発達した現代では企業のことは企業外部の投資家、専門家の方がよくわかっている場合があります。企業の中枢にいる経営者および特定の役員は実態をよく知っていますが、会計的にどう判断しどのように財務諸表に反映させるべきかの判断は、ときには監査人の方が場数を踏んでいるだけよく理解していると考えられます。しかしながら、**継続企業の前提に関する注記**は、まず企業経営者が財務諸表に注記をし、監査人は注記がある旨を監査報告書に**追記情報**として記載することとなっています。企業経営者の判断が優先されるため、監査人独自の判断で継続企業かどうか判断するわけでないことを理解しておく必要があります。しかしながら、監査報告書の追記情報欄に継続企業のあることを理解しておく必要があります。ただ追記情報欄に記載がないからといって企業が危機に直面していないとは必ずしもいえませんので注意する必要があります。

133　2　監査報告書（経営者確認書・継続企業）

3 会計上の見積りと評価

◆**財務諸表には見積りがあるのにどのように対応する？（経営者の見積り）**

財務諸表に含まれている金額が、将来の事象の結果予測によって算出されている場合、すでに発生している事象に関する情報をタイミングよく入手できない場合や入手するには経済的なコストがかかりすぎる場合などの理由で確定できないことが多くあります。そのような場合、財務諸表に含まれる金額について会計上、経営者は見積りによって金額を決定する必要が出てきます。会計上の見積りを要するものの主な例として、次のようなものがあげられます。

① 減損（固定資産・有価証券・のれん）損失
② 公正価値（金融商品の時価評価等）
③ 退職給付債務の数理計算における基礎率および予測数値
④ 繰延税金資産の回収可能性
⑤ 引当金
⑥ 工事進行基準による工事収益・工事原価・工事進捗度

◆ 監査リスクと見積りの監査手続

会計上の見積りは、仮定の設定や手順などから、監査上は一般に固有リスクの程度が高いと判断されます。なぜならすでに発生している事象、または将来に発生するなんらかの事象に対する仮定の設定などに関して、財務諸表を作成する経営者によるなんらかの**主観的判断**をともなうことが多いからです。

監査人は、財務諸表全体に関連して、経営者が行った会計上の見積りに係る固有リスクの程度、および統制リスクの程度を評価しなければなりません。そのため、会計上の見積りが漏れなく合理的に行われていることに関する十分かつ適切な監査証拠を入手しなければなりません。また、監査人は、重要な会計上の見積りが漏れなく適切に財務諸表に反映されていることを確かめるために、企業の事業内容および企業内外の経営環境の理解に基づいて、会計上の見積りの監査手続を実施します。

① 経営者が行った会計上の見積りの方法（仮定の適切性・情報の適切性・計算の正確性）を検討します。

② 決算日後の取引および事象（確定額または確度の高い情報を利用して経営者が行った見積りとの比較）を検討します。

③ 会計上の見積りが財務諸表に重要な影響を与えている場合に経営者の見解を記載した確認書を入手します。

◆ 将来に関することをどのように確かめる？（繰延税金資産の回収可能性の検討を例にして）

会計上の見積りを必要とするものの代表例として、**繰延税金資産の回収可能性の検討**があります。繰

図表5-5　繰延税金資産の回収可能性の区分

会社区分	回収可能性の判断
①期末における将来減算一時差異を十分に上回る課税所得を毎期計上している会社等	全額について回収可能性あり。
②業績は安定しているが，期末における将来減算一時差異を十分に上回るほどの課税所得がない会社等	スケジューリングにより繰延税金資産を計上している場合には回収可能性あり。
③業績が不安定であり，期末における将来減算一時差異を十分に上回るほどの課税所得がない会社等	将来の合理的な見積可能期間内の課税所得の見積額を限度として，スケジューリングに基づき計上された繰延税金資産は回収可能性あり。
④重要な税務上の繰越欠損金が存在する会社等（ただし，非経常的な要因によるものは③の区分へ）	翌期の課税所得の見積額を限度として，スケジューリングに基づき計上された繰延税金資産は回収可能性あり。
⑤過去連続して重要な税務上の欠損金を計上している会社等	原則として回収可能性はない。

　繰延税金資産とは企業会計上と課税所得計算上で損益の計上時期である認識に期間的なずれがある場合や，企業会計上と課税所得上で資産・負債の額に何らかの違いがある場合に両者の違いを企業会計上で調整するために計上する資産項目といえます。将来において課税所得の計算上で減算することによって将来の会計上の税金負担額を軽減する効果をもっているものについて繰延税金資産が計上されます。課税所得の計算上では，課税の公平性の観点などから一定の限度額を設けているため，企業会計上であるべき金額を計上した場合，税務計算上認められる額との間でどうしても差が出てしまいます。このような考え方を**税効果**といいますが，税金の期間配分ともいえ，会計のあらゆるところで出てくるある種の会計的技術といえます。

　繰延税金資産の計上額は，将来に税負担額の軽減効果が実現されると合理的に認められる範囲内に限られます。つまり，将来の事象の予測や見積りから経営者が繰延税金資産の回収可能性を判断し，回収が見込めない額については評価性引当額として控除しなければなりません。

　経営者は，繰延税金資産の回収可能額を見積らなければ

図表5-6　遡及修正の考え方

```
      従来                現行
    A → B             A → B
       ↘ A´          B´ ↖
```

AからBに会計方針が変更となった場合、従来は当期にAを適用した場合の金額 A´を求め、Bとの比較を記載しましたが、今回の基準では、前期にBを適用した場合の金額 B´を求め財務諸表を遡及修正します。

なりませんが、具体的な手順は次のようになります。

① 企業会計上と課税所得上の相違が解消する年度の見込みをスケジューリングします

② 将来年度の課税所得を見積り、解消見込年度ごとに見積課税所得と解消見込額を比較し、回収可能性について判断します

つまり、将来の見積課税所得が企業会計上と課税所得上の相違の将来解消額より少ない額については回収が見込めない額となります。

繰延税金資産の回収可能性について、経営者の将来事象の予測や見積りに依存することになり、また、一般的に金額的にも重要性があることが多く、監査人は経営者が判断した繰延税金資産の回収可能性の妥当性について十分に検討しなければなりません。この方法として、過去の業績等の状況を主な判断基準とする回収可能性の判断は例えば図表5-5のように考えられます。

◆ 昔の財務諸表が間違っている？（会計上の変更と遡及修正）

企業会計基準委員会は、「会計上の変更及び誤謬の訂正に関する会計基準」および「会計上の変更及び誤謬の訂正に関する会計基準の適用指針」を公表しています。この基準は、会計基準のコンバージェンスならびに財務諸表の比較可能性を向上させることが、財務諸表の利用者にとって意思決定有用性を高めることができるとの観点から、会計方針や表示方法の変更、過去の誤謬の訂正があった場

3　会計上の見積りと評価

合には、新たな会計方針や表示方法等を過去の財務諸表に遡って適用していたかのように会計処理または表示の変更等を行うもの**(遡及修正)**です。有価証券報告書における開示では、当期と前期の財務諸表を二期間並べて記載します。ただし、前期の財務諸表は、原則として、前期に提出された有価証券報告書に含まれていた財務諸表がそのまま記載されていますので、当期に会計方針の変更等があった場合に、前期と当期の方針の適用が異なるため、必ずしも財務諸表の期間比較可能性が確保されているとはいえません。

国際監査基準においては、比較情報に関する監査手続について、当期の財務諸表に含まれる比較情報に対するものとして限定した形で行うこととされています。

比較情報に関する監査意見の表明の方法については、国際監査基準で記載されている方法のうち、日本においては、監査意見は当期の財務諸表に対してのみ言及し、比較情報には明示的に言及しない方式（対応数値方式といいます）を採用することになっています。この方式は投資者の理解にも役立つものと考えられます。

第5章 監査実務　138

4 監査法人と監査、品質管理

◆ 監査法人の品質管理の概要（品質管理の必要性）

監査法人の品質管理とは、監査法人が実施した監査の信頼性を確保するための仕組みをいいます。監査法人は、監査の信頼性を高め、それを維持することが最重要課題となっています。監査法人が存在することができるのは、実施した監査業務が社会から適正なものであると考えられるからであり、いったん信頼が喪失された場合には、組織として継続することが不可能となります。エンロン事件により解散したアーサーアンダーセンなど、社会の信頼を喪失した監査法人が存続することができないことが当然となり、監査法人は、監査の信頼性を支える仕組として品質管理を実践していかなければなりません。このような状況を反映して、独立した基準として**監査に関する品質管理基準**（以下品質管理基準という）が設けられ、監査基準とともに一般に公正妥当と認められる監査の基準を構成し、監査基準と一体となって遵守されるべきルールとなっています。

◆ 職業倫理と独立性の保持

公認会計士の監査が信頼されるために最も重要な要件は、監査人が特定の利害に関係せずに、公正不偏の態度を保持し、財務諸表の適正性について公正な判断を行うことであるといえます。監査基準にお

いては、一般基準において、公正不偏の態度および独立性を保持することを求めていますが、監査事務所は監査の実施者が法令や監査基準で求められている独立性の要件等をその趣旨に照らして的確に確保していることを判断する必要があります。そこで、品質管理基準において、監査事務所は**職業倫理**および**独立性**の遵守に関する方針および手続きを策定し、監査責任者および補助者が遵守していることを確かめることを定めています。

◆ 職業倫理と品質管理

公認会計士は自らの使命を自覚し、常に関係法令および職業的専門家としての基準等の遵守に加えて職業倫理の昂揚に努めなければなりません。特に監査意見の表明に際して、職業倫理の保持が必要とされ、次のような監査意見の表明は避けなければなりません。

① 故意に虚偽、錯誤および脱漏のある財務諸表を虚偽、錯誤、脱漏がないものとして監査意見を表明すること

② 正当な注意義務を怠り、重大な虚偽、錯誤または脱漏がないものとして監査意見を表明すること

③ 十分かつ適切な証拠を入手しておらず、財務書類に対する意見表明のための合理的な基礎を得ていないにもかかわらず、監査意見を表明すること

倫理規則では、基本原則として、誠実性、公正性、専門能力、正当な注意、守秘義務、職業的専門家としての行動が定められています。職業倫理は業務の遂行を行ううえで常に保持しなければなりませんが、例えば保証業務について、取引の成果もしくは結果に応じて報酬額が決定されるような成功報酬体

第5章 監査実務　140

系をとることは、監査を公正に行うことが困難になることが想定されるため、認められていません。

◆ **個人の業務から組織的監査へ（監査法人における業務）**

監査事務所は、監査の実施において、企業の業態や経営状況に応じて、監査事務所が過去の業務経験等を通じて保有している情報や、監査の手法を、監査実施者に的確に伝達するとともに、監査実施者に適切な指示や指導を行う体制を整備することが必要になります。監査法人が個人の公認会計士事務所を統合して発展してきた経緯や業務が監査チームで概ね完結してしまう実態から考えますと、どうしても経験やその結果は、個人または監査チームに帰属してしまうことが多くなる傾向があります。組織的な監査を行い、その経験を監査事務所に蓄積させ、監査の品質を一定以上に保持するために、監査事務所では、有効性のある監査の実施に関する方針および手続きを設定し、これを遵守することが求められています。

◆ **監査意見表明のための審査**

監査人は監査を実施し、監査意見が一般に公正妥当と認められる監査の基準に準拠して、適正に形成されていることを確かめるために、**審査**を受けなければなりません。監査業務の複雑性からくる適切でない監査意見の表明を回避するために、審査を客観的に実施できる審査担当者を選任する必要があります。個人事務所等の小規模な監査事務所においても、監査事務所外に審査を依頼することになります。

141　4　監査法人と監査、品質管理

◆ **監査事務所が受ける品質管理レビューとは？**

監査事務所は、監査の品質を一定水準以上に保つために、公認会計士協会が実施する**品質管理レビュー**を受けなければなりません。品質管理レビューは、監査事務所の行う監査の品質管理の状況を、諸法令、監査基準、監査に関する品質管理基準等に準拠して監査が実施されたかどうかを同協会の公認会計士のチームが行い、その結果を監査事務所に通知し、必要に応じて改善を勧告し、当該勧告事項に対する改善状況に対する報告を受ける制度をいいます。監査事務所はこのほかにも、提携している海外の大手監査事務所による品質管理レビューを受ける場合や、公認会計士協会の品質管理レビューで問題が生じた場合には、金融庁の審議会である**公認会計士・監査審査会**の検査を受けることがあります。ずさんな監査を行った場合には、公認会計士協会や金融庁から懲戒処分を受けることになり、十分な監査を行わずに監査意見を表明することは制度的に難しい状況になっています。

5 国際監査基準

◆アニュアルレポートに含まれる財務諸表の監査

日本企業は海外投資家等に向けて英文による財務諸表を含むアニュアルレポートを作成しています。

英文財務諸表は、米国会計基準により作成されたものと、日本基準の連結財務諸表を海外の読者の便宜のために米国ドル金額を追加表記して作成されています。どちらの方式でも読者の便宜のために米国ドル金額を追加表記して表示を組み替えたものに分類されます。米国基準による場合はビッグ4とよばれる国際大手監査法人と提携等をしている日本の監査法人が米国の監査基準に基づき監査を実施し監査意見を表明しています。

一方、日本基準の場合には日本の監査基準によって監査を行い、監査意見を表明しています。ただし、この場合の監査報告書の署名は日本の監査法人の英文の監査法人名のみで、米国の監査基準で実施された監査報告書と錯覚するような様式となっています。なお、すべての英文財務諸表に監査意見が添付されているわけではありませんが東京証券取引所のトピックスコア30を構成する30社に限定するとすべて監査報告書が添付されています。

最近、株主総会に報告される計算書類等（会計監査人の監査報告書意見を含む）の英訳を企業のウェブサイトで公開することにより海外投資家の情報ニーズに応えるケースが出てきています。この場合には財務諸表も、監査報告書も原文の翻訳のみであり、翻訳作業のみですため、企業の負担は少なくな

図表5-7　日本の４大監査法人の英文の名称および提携先

監査法人名	英文監査法人名	提携先ビッグ４
有限責任あずさ監査法人	KPMG AZSA LLC	ＫＰＭＧ
あらた監査法人	Pricewaterhouse Coopers Aarata	プライスウォーターハウスクーパーズ
新日本有限責任監査法人	Ernst & Young ShinNihon LLC	アーンスト・アンド・ヤング
有限責任監査法人トーマツ	Deloitte Touche Tohmatsu LLC	デロイト トウシュ トーマツ

ります。

◆会計の国際化って？　監査も国際化？

東京証券取引社のトピックスコア30を構成する30社に限ってみると約半数の企業が米国基準の連結財務諸表を作成し、米国の監査基準で監査を受けています。この数字が上場企業の全体の動向を示しているわけではないのですが、日本の有力企業が米国の会計基準と監査基準に準拠していることは重要な意味をもっています。米国基準の連結財務諸表を作成する理由は主に米国の証券市場にADRにより上場等をしていて、米国基準の連結財務諸表の開示義務が生じた結果です。これらの企業は米国等の海外で資金調達を積極的に行い、海外生産、海外販売も盛んで、多くの海外子会社も所有しています。これらの海外子会社も当然監査の対象となります。この場合に米国基準の財務諸表の監査を担当するためには米国のPCAOBに登録し品質管理等のレビューの要望にも応じられることが必要です。

このため、現在日本の監査法人で米国基準の監査を担当しているのは主に図表5-7に示した４大法人等です。これらの法人は、提携先等のビッグ４を通じてリアルタイムで米国の監査基準および会計基準の情報が入素入手できる体制が整備されています。このようなことから

実際の監査に際してはできるかぎり海外子会社の監査を提携先の監査法人に依頼するのが現実的です。監査の国際化にともない、監査調書の電子化の推進により監査調書のレビュー（査閲）を容易にするなどの、情報の共有化の促進により監査の効率化が進んでいます。

◆ 外国会社の有価証券報告書に含まれる財務諸表の監査

日本の証券市場の国際化にともなって、外国会社が日本の金融商品取引法の規定により有価証券報告書を継続開示することが一般化しています。この場合の財務諸表監査ですが、金融商品取引法の規定により、日本の監査人の監査は必要とはされていません。各企業の監査人が作成したオリジナルの監査意見書の日本語訳が添付されているだけです。なお、必要書類はすべて日本語訳により提出されています。

また、財務諸表に日本の読者の便宜のために所在地国の通貨に加えて日本円の金額が追加表示されています。ただし、この日本円に関しては監査対象外の扱いとなっています。本当に投資家の便宜のためならば、金額の表示も義務化されるべきだと思われます。この点は日本において国際会計基準の採用が進めば解消されると予想されます。

るのは、主に所在地国の会計原則ですが、日本の会計原則との差については項目のみ表示されていて、財務諸表が準拠してい

◆ 外国ではどんな監査がされているの？

公認会計士の監査では、連結財務諸表全体の監査の一環として海外子会社の監査は捉えられています。国や地域によって監査の基準は異なりますが、ビッグ4とよばれる大監査法人では世界中にネットワー

145　5　国際監査基準

クをもち、それぞれの監査法人内部で国際的な監査に対応する監査マニュアルを整備しています。個別の海外子会社の監査は一般的には日本の監査法人が提携している先の監査法人に依頼して監査をすることとなるでしょう。この場合所在する国の法律で特別に要求されている監査項目と、一般的に実施すべき監査項目に加えて、日本の親会社の監査人の立場で特別に実施すべき事項を監査の指示書として子会社の監査人に送付し、日本の連結財務諸表監査に協力を依頼します。内部統制に関する事項は除くとすると、親会社監査人の連絡先、連結資料の様式と作成マニュアルに関する事項、依頼する監査手続と結果報告の期限等を含めます。ただし、当該子会社の正式の決算書に対する監査意見も重要で、無限定適正意見が出ない場合には、そのことが判明した時点で直ちに連絡するよう依頼することも重要です。重要な子会社については親会社の監査人がローテーションにより直接往査することも実施されています。往査では現地子会社の監査人の調書をレビューするとともに追加的に必要な実証手続を実施します。また往査時点で海外子会社の監査人と面談のうえで会計と監査および税務についての情報交換をすることも有意義であると考えられます。

◆ **国際監査基準**

会計の国際化が進みいわゆる国際会計基準（IFRS）を導入する国々が増加してきています。これに対応して国際監査基準（ISA）の整備導入が進により、国際的な比較可能性も確保されます。日本の監査基準の改訂も監査の国際化に対応したものとなっています。んでいます。

第6章

監査手続

1 リスク・アプローチにおける手続

◆リスク・アプローチ（評価手続と対応手続）と監査リスク

リスク・アプローチとは、監査人が実施したリスク評価手続によって評価した重要な虚偽表示が生じる可能性（リスク）が高い項目に、重点的に監査の人員や時間を当てることにより、監査を効果的、効率的に行う目的で、監査対応手続を計画、実施する監査の方法をいいます。

監査人は監査対象企業の事業を理解して、固有リスク（有効な内部統制がない場合に財務諸表に重要な虚偽表示が発生する可能性）を内部統制がどの程度防げるか暫定的に評価します。この暫定的評価結果から逆に固有リスクを、内部統制が防止できないリスクを把握して重要な虚偽表示のリスクが財務諸表に含まれる可能性を評価します。ここまでの手続をリスク評価手続と呼びます。なお暫定評価した内部統制の実際の有効性は統制評価手続よって評価します。その結果リスク評価も同時に確定します。ただしこの統制評価手続は監査期間中にわたって実施されるため最終確定するのは結局監査終了時となります。

重要な虚偽表示のリスクを暫定的に評価した後は監査人は、その脅威を監査人として受入可能レベル以下に下げるための、リスク対応手続（内容は実証手続）を計画、実施します。なお重要な虚偽表示のリスクは財務諸表全体に関連するものと財務諸表項目ごとに関連するものから構成されています。リス

第6章 監査手続　148

図表6-1 リスクアプローチの概略と監査の失敗の例示

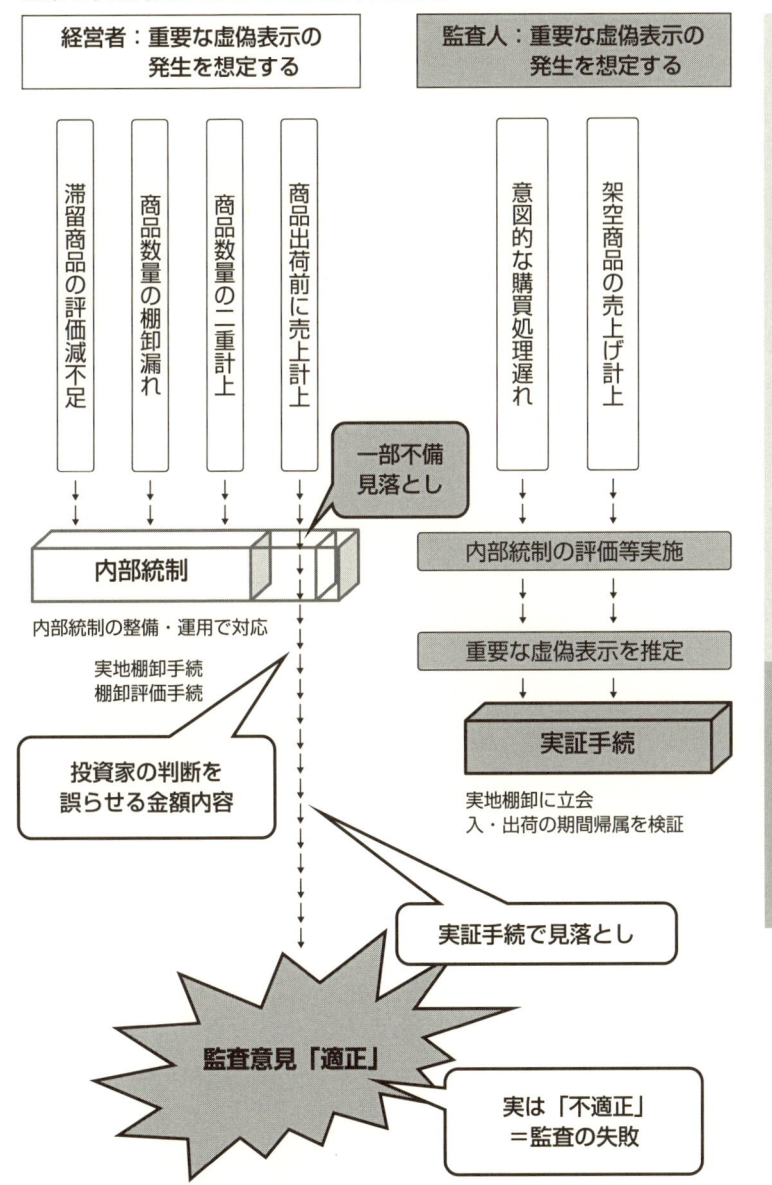

企業の事業内容から生まれる重要な虚偽表示

経営者：重要な虚偽表示の発生を想定する

- 滞留商品の評価減不足
- 商品数量の棚卸漏れ
- 商品数量の二重計上
- 商品出荷前に売上計上

↓

内部統制（一部不備見落とし）

内部統制の整備・運用で対応
実地棚卸手続
棚卸評価手続

投資家の判断を誤らせる金額内容

監査人：重要な虚偽表示の発生を想定する

- 意図的な購買処理遅れ
- 架空商品の売上げ計上

↓

内部統制の評価等実施

↓

重要な虚偽表示を推定

↓

実証手続

実地棚卸に立会
入・出荷の期間帰属を検証

実証手続で見落とし

監査意見「適正」

実は「不適正」＝監査の失敗

（右側：リスク評価手続／リスク対応手続）

1 リスク・アプローチにおける手続

クアプローチの概略と監査の失敗に至る例示を図表6-1で示します。

財務諸表全体に関連する**重要な虚偽表示のリスク**(図表では「架空売上の計上」)が予想される場合には監査人は**全般的な対応**と称する特別な監査チーム構成を行い、特別なタイミングで監査手続を実施します。監査手続は事前予告なしの事業場往査や実査等が含まれることがあるため、事前に経営者の包括的な了解を得て実施します。

財務諸表の項目ごとの重要な虚偽表示のリスクを確定したのち、**重要な虚偽表示のリスク**に対しては内部統制運用評価手続を実施して重要な虚偽表示のリスクを減少させ、または、平行して実証手続を実施します。この手続きには書類の閲覧、質問実査、確認、立会、分析的実証手続等があります。

ところで経営者は通常、虚偽表示の可能性のある取引および残高についてはすべて防止する姿勢で内部統制を整備・運用しているため、少なくとも固有リスクはすべて防止でき、適正な財務諸表が作成・公表されていると判断するのが通常でしょう。しかしながら現実は例外的であるべき財務諸表の粉飾決算が発生し続けています。このことから経営者が自信をもって内部統制を整備・運用していたとしても実際には、その有効性が十分発揮できずに**重要な虚偽表示**が発生する可能性があります。例えば内部統制の運用において無知または故意に、一部手続を省略したり、特定の期間例えば休日営業の場合に統制機能を一部停止させたりして内部統制の有効性を減少させ結果的に重要な虚偽表示のリスクが具現化して**重要な虚偽表示**を含む財務諸表を作成してしまうケースです。

内部統制を経営者が無視する場合として次のようなケースが考えられます。

① 資産と負債を表示上相殺して簿外となった資産(例えば担保預り有価証券)を私的に流用する。

② 仕入と売上をともに除外し販売利益部分を不正流用する。

③ 不良債権となっている貸付金を回収可能として貸倒引当金を計上しない。

これらの事項は通常の内部統制では防止できない可能性が高いため必然的にその発見は監査人の実証手続により防止し、発見した場合は、訂正の依頼に努める必要があります。

なお一般的には内部統制の有効性の判断は監査人の方が経営者より有効性の程度を少なく見積もることとなります。

監査人が評価した内部統制の有効性でもなお防止できない重要な虚偽表示のリスクは、監査人が実施する実証手続により防止、発見、訂正されることが期待されますが、なお発見されない可能性を発見リスクとよびます。これが監査人が決定した重要性の基準値（個別の財務諸表項目の場合には重要性の値を超える発見項目を集計した額）より小さい場合には監査人は無限定意見を表明します。

◆ **監査リスクと重要性**

監査人が、財務諸表の重要な虚偽の表示を看過して誤った意見を形成する可能性を**監査リスク**とよんでいます。監査リスクが実際の監査の失敗になってしまうケースとしては、リスク評価手続で重要な虚偽表示のリスクを低く見積もりすぎた場合が考えられます。

なお監査人は、財務諸表に含まれている重要な虚偽表示を発見したらその内容を正しく伝えて経営者に修正させる役割が期待されています。経営者が修正に応じない場合や修正が不可能な場合には、監査意見に虚偽表示の事実を記載し財務諸表が投資家等の判断に有用であるかどうかについて限定意見または否定的意見を表明することで、投資家等が判断を誤らないようにする役割があります。

監査人が期待される役割を果たすためには重要な虚偽表示を確実に発見できる手立てを確立すること

1 リスク・アプローチにおける手続

が求められます。その対応策の1つとして監査人による**重要性の基準値**があります。実際の監査は財務諸表の項目別（勘定残高）や部門、特定の取引等に区切って実施するため重要性の基準値は区分ごとに適用するより小さい金額を別途決めて運用しています。監査結果を検討する場合には発見された虚偽表示を集計して重要性の基準値を合計で超えていないか検討したうえで監査意見表明のプロセスに入ります。

◆内部統制の現状把握

内部統制の現状を把握に関しては第4章に詳細に説明されていますがここでもう一度整理します。社風や経営方針などについて、経営者および経営幹部に対する質問するとともに経営方針や社員心得などを記載した文章の閲覧などにより**統制環境**を把握します。次に**企業のリスク評価プロセス**について担当部署に直接質問することにより実際の業務遂行状況について判断します。**統制活動**および関連する**情報システムの整備状況と運用状況**についても関係者への質問、業務活動状況の観察、フローチャート等必要な関連書類の閲覧等により把握します。さらに内部統制を有効に機能させるために設計された日常的モニタリングおよび独立的評価（内部監査を含む）の状況を担当者への質問および書類の閲覧や、内部監査との連携により把握します。

監査人は監査対象年度について内部統制の状況を把握し暫定的にその有効性を評価して監査計画に織り込みます。なお監査人が内部統制の運用状況の検証評価を確定できるのは運用評価手続の実施が完了してからです。評価結果が当初の暫定評価と異なる場合には、重要な虚偽表示のリスクを見直し監査計画と監査実施手続・監査範囲を修正し、実施します。また内部統制の仕組みが監査期間中に変更になっ

た場合にも監査計画の見直しが必要となります。

◆ **内部統制の運用評価手続の計画と実施**

内部統制の現状把握ができれば次に重要な虚偽表示リスクを確定するために内部統制の運用評価手続を計画し、実際に運用評価手続を実施し**固有リスクを内部統制**がどこまで防止、発見・是正できるか（有効性）を評価し**重要な虚偽表示のリスク**決定しに監査計画に含め実証手続につなぎます。

内部統制の運用評価のため、以下のような監査手続が考えられます。

① 業務担当者になるべく業務遂行現場で直接**質問**する
② 実際の業務遂行現場の状況を内部統制を意識して**観察**する
③ 観察と同時に関連する帳票等の証憑書類を**閲覧**する
④ 有効性を評価したいキー・コントロール（内部統制を構成する重要な統制手続）を含む一定の期間の全取引を母集団とし、統計的サンプリング等によりテストサンプルを抜き取り統制手続が実際に設計どおりに運用されていることを**統制テスト**として検証する
⑤ テスト時期が期中である場合にはその後、引き続き継続してキー・コントロールが機能していることを確かめる手続としての**ウォーク・スルー**を実施する

なお上記④のキー・コントロールの準拠性テストは取引の実証手続と同時に実施することがあります。この場合の監査手法を二重目的テストとよびます。

153　1　リスク・アプローチにおける手続

◆一石二鳥の監査手続（二重目的テスト）の計画と実施

内部統制の運用状況のテストは通常、実証手続実施前に行う必要がありますが、継続監査の場合など では、実証手続である詳細テストと同時に内部統制の運用状況の評価手続を実施する場合があります。 2つの異なる手続を同時に実施するため効率のよい監査が可能となります。監査人が行う実証手続の目 的は取引の財務諸表への適切な表示の確認であり、経営者の整備した内部統制の運用目的も取引・残高 を財務諸表に適正表示するためですので、究極的目的は同じです。そのため内部統制運用評価手続と実 証手続は多くの部分が重複します。この点に着目して実証手続（一部分）と内部統制運用評価手続を一 度の手続で済ますことができるのです。

◆特別な検討を必要とするリスク

重要な虚偽表示のリスクの評価の過程で特定した**特別な検討を必要とするリスク**については監査の計 画および実施の過程で特別な検討をする必要があります。監査人が判断すべき内容ですが通常該当する 事例としては、重要な会計上の判断に関連する事項（例えば会計上の見積もりや収益認識基準等）、不 正の疑いのある取引（例えば循環取引や簿外取引）、関連当事者間取引で通常でないもの（例えば経営 者による会社債務の保証）などが考えられます。これらの事項に対する監査は評価した重要虚偽表示の リスクに対して特別に計画した実証手続の実施および必要に応じてまたは有効な内部統制があればその 整備状況の調査と運用評価手続を実施することが求められています。

◆サンプリングによる試査

リスクアプローチと似た考え方にサンプリングによる試査があります。

試査とは、特定の監査手続の実施に際して、母集団からその一部の項目を抽出して、それに対して監査手続を実施することです。試査には、一部の項目に対して監査手続を実施した結果をもって母集団全体の一定の特性を評価する目的をもつ試査（サンプリングによる試査）と、母集団全体の一定の特性を評価する目的をもたない試査とがあります。

特に、サンプリングによる試査においては、例えば、ある勘定売掛金残高の監査において、サンプルに対する監査手続の実施（確認や証憑突合）結果から発見された誤謬金額（会社の計上残高と手続実施結果の金額との差額）は、一定の条件の下に母集団全体の誤謬金額（売掛金の残高が適正かどうか）の推定のために利用されなければなりません。

1 リスク・アプローチにおける手続

2 主要な実証手続（実査・確認・立会）

◆実証手続とは

実証手続とは財務諸表項目に含まれる重要な虚偽表示を発見するために実施する監査手続で取引・残高開示に関する詳細テストと分析的実証手続があります。まず、詳細テストとは実査・確認・立会や記録や文書の閲覧、関係者に対する質問などで構成されています。さらに分析的手続は財務データ等のデータの間の関係を利用して推定値を算出し財務情報と比較し、合理性を判断する監査手続をいいます。

◆リスク・アプローチにおける実証手続と監査要点

リスク・アプローチによる監査では、既述のとおり内部統制の整備・運用状況の評価手続を実施して信頼性を評価します。評価結果が計画時に想定していた内部統制の信頼性より高ければ、重要な虚偽表示の可能性は低くなるため当初の監査計画より実証手続の範囲を増やすことは不要です。一方内部統制は計画時の想定よりも信頼性がないと評価した場合には実証手続の計画は範囲や実施の方法について見直しが必要となります。

実証手続の計画には手続の対象、実施時期、具体的な手続と、直接検証対象とする取引、残高の選び方や件数（試査の範囲）を決定しておきます。またそれぞれの実証手続で個別的に検証する目標（監査

第6章 監査手続

要点）を明確にしておくことも重要です。また監査要点は監査基準では実在性、網羅性、権利と義務の帰属、評価の妥当性、期間配分の適切性、表示の妥当性の6項目が例示されています。実際の監査ではこれに加えて計算の正確性などが監査要点に加えられています。

また貸借対照表科目の監査では会計の計算構造が期首残高＋当期取引＝期末残高となっているのを活用して、元帳の期首残高を前期の調書に照合し（前期からの継続監査の場合）、当期取引を実証手続で検証したのち、元帳を再計算して残高に一致すること（正確性）が確認できれば、期末残高も適正であるとの結論を得ることができます。なお会計上の変更及び誤謬の訂正があった場合には、前期の財務諸表が訂正されるため前期の監査調書との差異について分析をする必要が生じます。一方、期末残高を直接、実査、確認、立会等の手続で検証して残高の実在性や網羅性などを証明することもできます。この両方の手続を実施することは必ずしも必要ではないので、監査人はこの構造をうまく活用して取引と計算を重視するか期末残高を直接証明するかが選択可能になり、より効果的、効率的な監査につなげることができます。取引の網羅性に不正等の疑いがある場合には、取引を発生と決済に分解して詳細テストを実施する場合も考えられます。

◆実査 いつ、どこで、何を実査し何と突合するか

通常、**実査**とは現金や有価証券（以下、有価物という）を対象とし、監査人が直接（五感を使って）その有高および状態を確認し帳簿記録と照合する手続です。なお有価証券が本物であることの確認は大変難しく、ときには経験豊富な監査スタッフが担当しないと偽物を見逃す可能性があります。

有価物実査の目的は、現金、定期預金証書・受取手形、株券、債券等が実際に会社で保管されているかまたは外部に預けている場合には会社の管理業務の一環として残高証明書が入手されているかを確認する手続です。企業が直接保管している場合は原則として所有権があると推定できます。なお債務者から債権の担保として預かっている有価証券類の管理台帳と適切に区分されて保管されていることを確認し、預り有価証券の管理台帳は整備されているかに特に注意して実査を行い、さらに担保預り書の控や契約書などの閲覧等を実施する必要があります。

有価物の実査は原則として、決算日にすべての現金および有価証券等が保管されている場所で、同時に実施します。監査人は実査を実施した後、直ちに有価物の管理帳簿を閲覧し残高を突合する必要があります。実査残高と帳簿残高が一致すれば監査要点「資産の実在性」は直接検証できたことになります。

有価物の実査のほかに、よく似ていますが有形固定資産や棚卸資産などの実査が実証手続として実施されます。対象が有形固定資産である場合は頻繁な増減は少ないので、監査人は金額的に重要な工場の土地建物、本社ビルの土地建物に対象を絞って実査することが考えられます。この場合にも現物を確かめる実在性の検証のほかに企業に所有権（権利の実在）があることを確かめるため登記関連書類の閲覧等も実施します。なお棚卸資産の実査については棚卸立会の一部として実施されるのが一般的です。また建設業においては仕掛工事について期末日前後に実施する場合があります。

◆ **第三者への確認手続**

残高確認は監査人が直接企業外部の取引先その他の第三者に対して、**確認状**とよばれる書面により直接質問を送付し、回答を監査人に直接返送してもらう手続です。外部の取引先等と直接やりとりできる

図表 6-2　確認手続きと関係者の関連図

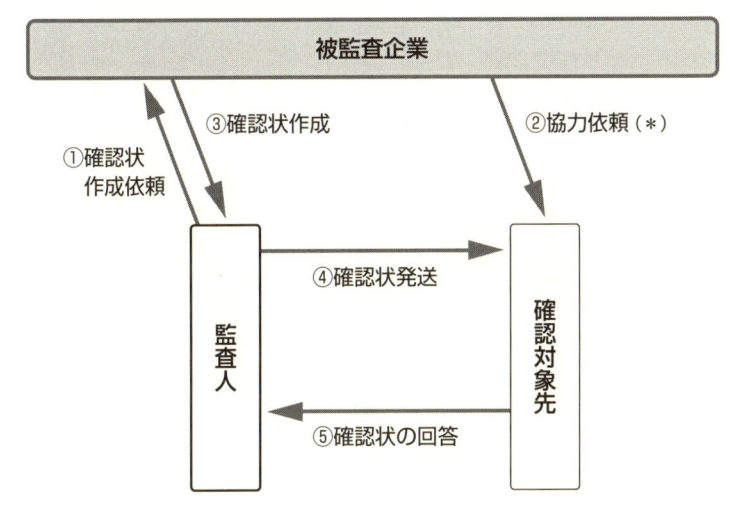

```
                    被監査企業
        ↑        ③確認状作成        ↓
        ↓                        ②協力依頼(＊)
  ①確認状                              ↓
  作成依頼                              
        ↓                              ↓
      監査人  ──④確認状発送──→  確認対象先
            ←─⑤確認状の回答──
```

＊確認状の協力依頼は電話等で伝えるとともに確認依頼の文章に協力依頼の趣旨を含める

ため、この手続で得られた証拠の信頼性は監査上高いと判断されています。監査実務においては債権、債務、銀行取引（預金、借入金、保証債務等）の残高確認、保護預けまたは担保として外部に預けている有価証券、倉庫会社に対する棚卸資産の保管確認、外部から担保として預かっている有価証券、偶発債務やリース取引、生命保険契約の内容と解約返戻金の確認、信託銀行等に寄託している年金を含む信託契約等の契約内容と時価および簿価情報等の確認など様々確認が考えられます。

確認手続を計画し実施するためにはまず企業の過去の財務諸表（担保等の注記を含む）から確認対象となる項目を一覧表にすることが必要です。継続監査の場合には過去の調書と担当した監査人（監査法人内部での担当者の変更の場合）への質問等により容易に絞り込めますが企業環境の変化などに関連して、常に前年と同じでよいか注意深く検討する必要があります。確認手続は実在性、網羅性、権利と義務の帰属、期間配分の適切性、評価の妥当性、表示の妥当性などすべて

の監査要点を実証する手続であり監査に欠かすことのできない手続と理解されています。

◆ 確認対象をどのように決定し、送付から回収するか

一般的に監査人が実施する確認手続は企業の協力を得て初めて実施できます。監査人は監査対象企業とは別の監査要点であるため直接監査人の名前で確認を依頼しても協力を求められる側(被確認先)が確認状を返送しないことも考えられます。このため企業が被確認先との取引において、会社を代表すると認められている役職者の名前で、「監査のために確認が必要なので協力してほしい」旨および「返送は直接監査人住所にしてほしい」ことを明記した依頼の文章を確認状に同封して郵送します。確認先は、確認対象となる全相手先(母集団)から選定する必要があります。対象が債権か債務かで手続は少し異なります。

債権の場合、売掛金を例にとると、確認対象日における売掛金一覧表を入手し選定作業を進めます。この場合の確認の主要な監査要点が実在性であるため、単独で重要な虚偽表示となる可能性がある重要な残高すべてと、集計して重要性の基準値に達する可能性のある残高のすべてを選ぶことになります。

なお実在性以外にも監査要点があるため貸方残高、前期回答が無かった取引先、前期比残高急増・急減取引先、新規取引開始先等が確認対象の候補になります。

一方、債務の場合、網羅性が監査要点となりますので、買掛金を例にして考えると、簿外取引も発見できる可能性のある選定方法が必要となります。企業の管理体制によりますが、選定をする母集団は企業が購買等の取引の開始ないし継続を承認し取引基本契約を締結した相手先のすべてを含む仕入取引先情報を選定対象として確認先を金額的な重要性のみならず新規取引先、借方残高となっている先、長期

に取引のない先などを選ぶことが考えられます。

◆ 確認状の管理と差異調整

確認状は発送枚数が膨大になる場合もあり、組織的な管理体制を工夫し整えておく必要があります。また銀行残高確認状および証券取引残高確認書様式については様式のサンプルが監査委員会研究報告に示されています。確認状に差異がある場合の取扱いですが、監査人は企業に差異についての原因調査を監査の現場最終日より前の期日を指定して依頼し、その結果について慎重に検討します。特に重要な虚偽表示になる可能性が含まれる大きな差異や質的に重要である可能性が感じられる確認状の差異理由欄の記述内容については監査人が納得いくまで調査を続ける必要があります。

◆ 差異の原因分析調整

差異のある確認状の差異理由欄をじっくりと読んでなぜ差異が発生したのか理解します。次に会社の売掛金、買掛金等の残高の差異について企業が調整している場合には、その差異調整表を閲覧します。差異調整の制度がしっかり整備され運用されていると判断できれば監査人の心証は格段に高くなります。つまり残高は正しいとの結論が得られます。企業の差異調整の仕組みが実際の手続には整備・運用されていない場合には、監査人は企業に調整を依頼するとともに、残高についての実証手続を追加で実施することを検討します。この場合には時に監査意見の表明が期日に間に合わない事態も予想されるため差異がどの程度の重要な虚偽表示につながるかも同時に把握検討する必要があります。

161　2　主要な実証手続（実査・確認・立会）

◆未回答先に対する監査手続

残高確認状は発送しても必ずしも100％回収できるわけではありません。未回収となった相手先に対しては監査報告書の発行日との関連で慎重に期日を決めて再発送をします。また重要な取引先からの売掛金の残高確認が未回収の場合には出荷指示書、商品・製品の発送記録、運送業者の貨物受取書、請求書、棚卸資産台帳の払出欄等の売上計上に関する記録を閲覧（照合）し、確認日付以降に銀行振込による回収がある場合には回収金額を銀行帳と照合し、銀行からの当座勘定照合表等との突合を実施します。

ただしどうしても追加手続ができない場合でも、未回収確認状の残高が少額ですべてを足しても重要性の基準値にならない場合にかぎり適正意見を表明できる可能性があり、監査人の判断が求められます。

◆棚卸資産の保管・管理手法の確認と監査人の立会

実地棚卸は企業の棚卸資産について企業の担当者が直接数量と品質を期末時で検証したのち、管理帳簿との突合により棚卸の実在性を確認し決算に反映させる手続です。監査人は企業の実地棚卸に立会うことにより、その実在性と評価の妥当性について心証を得ることができます。厳格に棚卸資産の実地棚卸に立会う棚卸資産の実数を把握するためにはタグ方式の棚卸が伝統的に使われます。この方式は作業時間がかかりますが、二重カウントの防止、棚卸漏れ発生の防止には絶大な効果があります。

棚卸資産の保管場所についての方針を明確にし、棚卸資産明細を場所別に出力し、棚卸資産の保管場所についての方針を明確にするためには、棚卸資産の保管場所についての方針を明確にし、棚卸資産明細を場所別に出力し、棚卸資産をスムーズに進めるためには、棚卸資産の保管場所についての方針を明確にすることが重要です。このような条件が整っていればリストアップ方式の棚卸で実施されるのが効率的です。なお監査人の立場では企業の棚卸計画を早い段階で入手し、棚卸資産の管理状況の理解とすりあわせて考え、企業の棚卸計画を認めるか、一部改善を求めるかの決定が必要です。

◆立会計画の監査チーム内での共有化と立会の実施

企業の棚卸方法を確認したのち、棚卸方法がどの程度重要な虚偽表示を防止するのに効果的か評価します。例えば重要な棚卸資産の二重計上（ダブルカウントによる）で棚卸資産残高が過大に計上された結果、売上原価が過少、利益が過大となることを防ぐために、企業がタグ方式を採用している場合です。棚卸の計画書を入手し、タグに事前に連番を付しておきます。すべてのタグの受払と残高をタグ・コントロール表として明確に記録し、棚卸終了後にすべてのタグの回収を確認することで棚卸の終了とする説明があるか確認します。またタグを端から順になるべく番号順に現物に貼ることや書き損じの場合には新しいタグを使用すること等が明示されているかにも注意します。なお書き損じのタグも回収対象であること等が明記されているかにも重要な情報となります。また実際にテスト・カウントも実施し、棚卸の計画に従った棚卸作業の確認と同時に実証手続が対象である棚卸資産の実査を行います。監査人の立会は1人でする場合も多いのですが、同時に複数箇所が対象の場合には、複数の監査人が立会者になります。この場合には誰が立会っても同じレベルで重要な虚偽表示を発見できる体制を整えるため、監査人は立会計画書を策定し、立会関係者全員に説明します。監査チーム内の立会関係者全員を集めた打合会議を開催して情報の共有化と、緊急時の連絡方法および対処法を確認しておくことも実務では必要な手続となります。監査チーム内の連絡が密であれば棚卸につきものの緊急事態にも対応でき、確実な監査証拠が得られることが期待できます。

3 IT統制

◆まずコンピュータを理解しよう（ITの評価と財務諸表監査）

ITという用語には様々な使われ方がありますが、会社法では「電磁的方法」や「電磁的記録」をさしています。監査上は一般的に人手によらない**情報処理**の意味で用いられ、実務ではコンピュータによる情報処理過程を意味します。つまり情報システムとして捉えていくことになります。ITを用いて業務をしている企業では、財務諸表の作成も含まれるため、企業における情報技術の利用は財務諸表の監査実務にも大きな影響を与えています。特に、監査対象の財務諸表の基礎となる会計情報を処理するシステムが情報技術を高度に取り入れたものである場合には、各監査の実施にあたって、統制リスク等の各種のリスク評価に大きく関係します。さらに、企業が利用している情報技術やシステムに関する十分な知識と対応できる技術的な能力の保持が監査実施者に求められるため、企業における情報技術の利用は財務諸表の監査実務に大きな影響を与えています。つまり、監査対象の財務諸表の基礎となる会計情報を処理するシステムが情報技術を高度に取り入れたものである場合には、各監査の実施にあたって、統制リスク等の各種のリスク評価に大きく関係します。さらに、企業が利用している情報技術やシステムに関する十分な知識と対応できる技術的な能力の保持が監査実施者に求められるため、監査実施者が、その責任を履行していくうえで、重要な影響が生じることとなります。

現在の企業では、あらゆる局面で**IT（情報技術）**が利用されており、どんな組織でもIT抜きでは業務を遂行することができなくなってきており、企業活動の結果を表す財務諸表の作成過程において、各企業におけるITの整備運用状況を理解して、適切に対応することが不可欠となっています。まずITを利用した情報システムの特徴について理解し、そのうえで、財務諸表を監査する場合にどのように

第6章 監査手続

対応する必要があるかについて取り扱うことにします。IT機器を中心として財務諸表が作成される場合には、そのシステムへのアクセスにも制限がかかりますし、仮にアクセスしたとしても、システムに対する相当な知識がなければ、システム自体は、通常はブラックボックスとなり目で見ること（可視化）はできません。ITを利用した情報システムでは、すべてのデータを一貫して反復継続的に迅速に処理することが可能です。そのため、データを処理するプログラムの信頼性が高い場合には、大量の情報を適時かつ正確に処理・出力することができ、日常的・定型的な取引についてはITにより自動化された統制活動によって情報の正確性および網羅性を確保することができます。他方、適切なセキュリティ管理により、職務の分離の有効性を維持・確保することができます。また、プログラム自体が誤っている場合、短期間に多量の取引データに誤りが発生する可能性があります。また、セキュリティ管理が適切に行われない場合、正当な権限をもたない者によってシステムやデータが痕跡を残さずに不当に破壊または改竄されるリスクが高まります。

◆ なぜ会計士はパソコンばかりみているのか（監査人によるITの理解）

情報システムにITが利用されている場合、企業の財務諸表は、通常、種々の業務システムで作成された情報が会計システムに反映されたうえで、会計システムから出力される情報に基づいて作成されることとなります。監査人は、監査計画の策定にあたり、内部統制を理解する一環として、これらITインフラやアプリケーション・システムの構成等に関連する情報を入手して、どの会計データがどの業務システムに依存しているのか、関連する統制活動が手作業によるものかITにより自動化されたものか、IT特有のリスクに企業がどのように対応しているか等、企業におけるITの利用状況を理解する必要

図表6-3　ITシステムの全体図の事例

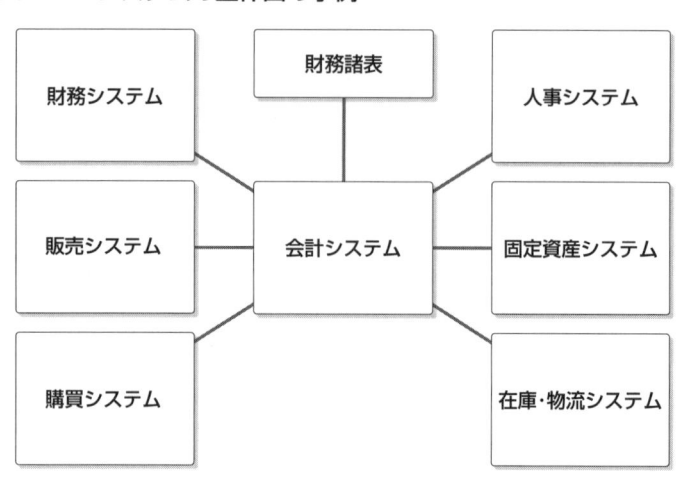

```
財務システム      財務諸表       人事システム

販売システム    会計システム    固定資産システム

購買システム                    在庫・物流システム
```

があります。最近よく、監査の作業現場で耳にする言葉として、監査に来た会計士は、一日中自分のパソコンばかりと向き合っていて会社の担当者と話すことが減っている、というのがあります。監査人の側からみれば、会社のITシステムを理解し財務諸表作成に関する統制環境や運用状況を確かめることが必要になり、リスク・アプローチのもとでは重要な手続として必要になるものであるといえます。しかし、企業実態は常に変化するということを前提とすると、企業の担当者との何気ない会話から、変動の端緒を摑みとれる場合もあることに留意する必要があります。相互の信頼とコミュニケーションが、監査の基本となることを改めて認識しておく必要があります。

◆ **どんなチェックがかかっているか（IT評価と統制リスク）**

監査人の監査対象企業のほとんどは会計処理をコンピュータで行っており、処理された結果である財務諸表等の監査にあたって、監査人は、対象となる財務諸表等の作成の前提となる情報処理過程が適正かを評価して、重要な虚偽表示のリ

図表6-4　ＩＴ評価と財務諸表全体の心証形成

財務諸表全体の心証の形成	
検証済部分の心証形成 ↑ 検出された監査差異の影響の評価 ↑ 監査差異の検出 ↑	未検証済部分の心証形成 ↑ 未検証部分に重要な虚偽の記載がない ↑ 未検出監査差異大小の推定の根拠 ↑ 統制手続・統制リスクの評価 ↑
実証手続の実施　Ｘ	ＩＴの評価　Ｙ

　具体的には、実証手続の実施ＸとＩＴの評価Ｙの双方の手続により、財務諸表全体への心証が形成されます。ＸとＹの両方で監査は行われますが、Ｘのみの心証形成ではＹが不足し、Ｙのみの心証形成ではＸが不足します。意見形成に必要な心証の程度をＺとするとＸとＹが組み合わされることになります。

図表6-5　統制リスクの評価

X：実証手続からの心証の形成

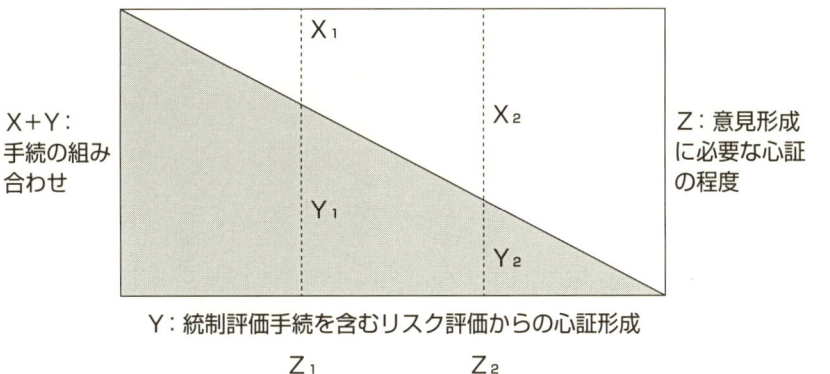

X+Y：手続の組み合わせ

Z：意見形成に必要な心証の程度

Y：統制評価手続を含むリスク評価からの心証形成

Z_1　　　Z_2

　それぞれX・Y・Zを図の高さの幅でみると、例えば$Z_1=X_1+Y_1$では$Y_1>X_1$ですので、ＩＴの評価の方が心証形成ではまさっていますが、$Z_2=X_2+Y_2$では、$X_2>Y_2$ですので実証手続の方が心証形成では大きな比重を占めていることがわかります。

ここで**ITの評価**とは検出されない監査差異が大きいか小さいかを推定する根拠となります。つまりITの評価は財務諸表全体について監査人が適正であるかどうかの心証（心のなかでの確証）を形成するための手続といえます。

◆ **統制リスクの評価とITとの関連**

統制リスクの評価とは具体的には、会計記録のエラーを防止・発見する統制手続が有効か否かの評価であり、ITとの関連では統制手続は、まったくの手作業によるチェック、コンピュータの自動処理結果と手作業によるチェックの組み合わせ、完全自動処理の3種類に区分されます（図表6-6）。それぞれに対応する統制手続をまとめると図表6-6のようになります。記録の正確性を確保するためには、様々なチェックが必要となり、会計士は常にパソコンと向かい合うことになってしまうのです。

統制リスクとは、財務諸表の重要な虚偽の表示が、企業の内部統制によって防止または適時に発見・是正されない可能性のことと説明されます。そこで、統制リスクの評価とは、財務諸表上に表示される数値に結びつく内部統制の評価であり、会計数値に関連のある内部統制に焦点を合わせる必要があります。また、統制リスクの評価をするということは、財務諸表の数値が監査人の実証手続を実施しなくても、重要な虚偽の表示がある可能性についての心証を得ることであり、実査・立会・確認といった実証手続と同様に重要な監査手続になります。しかし、実施上は統制リスク評価が常時必要というわけでは

第6章　監査手続　168

図表6-6 統制リスクの評価とITの評価の全体像

自動処理	自動処理と手作業の組み合わせ	手作業のみ

統制手続			
		手作業による統制手続	
業務処理統制			
全般統制			
帳簿への転記、帳簿作成、帳票作成が自動処理される	正確性・網羅性を担保する統制手続	自動処理と手作業の組み合わせで意味をなす統制手続のうち、手作業の部分だけ	帳簿が手書による場合の統制手続

業務処理統制の評価とは統制手続の評価のことをいい、全般統制の評価とは業務処理統制全体への間接評価のことをいっています。

ありません。実証手続だけで財務諸表全体に対する十分な心証が得られれば、統制リスク評価という間接的な検証の手続は効率性の観点から不要となります。要するに監査人の職業的専門家としての判断で行うということです。

統制という言葉に関連して、様々な用語と使われ方があります。結局、**統制**とは、会計記録の正確性を確保するための、手続・工夫・制度等と理解しておけば十分でしょう。

◆どんな作業手順になっている（プロセス）

プロセスとは「勘定科目に会計記録を提供するまでの業務の過程」のことで、要するに「仕訳の元」と簡単にいうことができます。

統制リスクの評価のためには、その対象となる「統制」を識別する必要があります。統制は、会社の業務過程（プロセス）のなかに存在します。

勘定科目のレベルで直接、統制リスクを評価することは不可能ですが、統制が存在するプロセスを図表6-7

図表 6-7　プロセスの全体像

プロセス

業務区分との関連	取引サイクル	販売						
	プロセス	売上				回収		
	業務区分	受注	出荷	集計	売上計上	請求	入金	売掛金消込
勘定科目との関連	勘定科目							
	借方	売掛金				現金預金		
	貸方	売上				売掛金		

勘定・プロセス・リスク評価

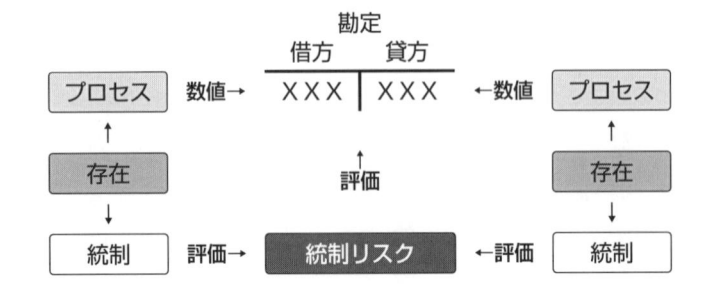

```
                    勘定
                 借方   貸方
 プロセス  数値→ ××× │ ×××  ←数値  プロセス
    ↑                              ↑
   存在           ←評価→           存在
    ↓                              ↓
   統制   評価→  統制リスク  ←評価  統制
```

図表 6-8　人件費のプロセス

	プロセス	人件費		同じプロセス関連貸借対照表科目
処理・帳票・リスクの同一性	給与賞与（複数） ⇒	給料・賞与	⇔	未払給与・賞与・預かり源泉所得税
	福利厚生　　　　 ⇒	法定福利費	⇔	未払費用・前払費用
	退職金　　　　　 ⇒	引当金繰入	⇔	退職給付引当金
	支払　　　　　　 ⇒	その他	⇔	現預金
	前払未払計上　　 ⇒		⇔	前払費用・未払費用

のように認識する必要があります。

仮に「人件費」というプロセスを考えますが、その金額はすべて単一の業務から生じているわけではありません。人件費という勘定科目を構成するプロセスは少なくとも1つではなく、概略を示すと図表6-8のようになります。

プロセスを認識する目的は統制リスク評価です。つまりリスク・アプローチに基づくからです。監査リスク（統制リスク・固有リスク）・発見リスクの組み合わせで監査リスクのうち統制リスクの評価は不要（「高」とする）となり、プロセスの認識も不要となります。しかし、監査計画上、内部統制に依拠しない勘定科目であっても、プロセスを認識・理解する必要があります。これは、有効な実証手続を策定・実施するうえでは、数値がどのように生じるか、使用される帳票・証憑は何か、ということを理解することが前提になるからです。

◆チェックは本当に大丈夫？（統制の評価と検証・統制は有効か有効でないか）

統制の評価と統制リスクの評価を区別しなければなりません。統制については、あるか・ないか、あるとしたら有効であるのか有効でないのかの判断になります。一方、統制が有効の場合にどれだけ依拠するのか、依拠の程度が強い（高い）場合には「この統制が監査対象期間をとおして本当に有効か」について強い心証を得る必要があり、依拠の程度が弱い（低い）ならば「この統制が監査対象期間をとおして本当に有効か」についてはそれほど強い心証を得る必要はないことになります。つまり、統制リスクの評価は依拠の程度を表し、実証手続の範囲等に直接結び付くことになります。したがって、統制評

価手続(統制の検証)の範囲・程度と実証手続の範囲等とは反比例の関係にあることになります。統制リスク評価の作業と検証の順に考えて行くとまず、検証の程度に応じた依拠の程度の考えで説明します。統制依拠の程度と検証の程度の関係について、検証の程度と実証手続の範囲等とは反比例の関係にあることになります。統制リスクの評価の流れは次の4段階になります。

① プロセスの理解とプロセスのなかにある統制の識別
② 識別した統制の有効・非有効の判断
③ 依拠の程度(実証手続の実施範囲)を監査人の裁量で判断
④ 依拠に応じた検証の実施

◆ウォークスルー(統制評価の検証手続)

ウォークスルーには、プロセスの内容(業務フロー)の理解を確かめる手続と内部統制の整備状況に係る統制評価手続の2つの側面があります。ウォークスルーという用語は、国際監査基準ではプロセスの内容(業務フロー)の理解を確かめる手続という意味で使われています。また米国ではウォークスルーを広い意味で統制の検証をも含むという考え方で用いる場合があります。

この手続を実施したことを記述するために、監査上は、証憑は何か、証跡はあるかを確かめ、統制の再実行の意味で「再テスト」の欄を設けることになります。

さらに、統制が有効で統制リスクの評価を「中」にとどめる場合には、年間で統制に変更がないことを確かめる条件付で、内部統制の運用状況に係る統制評価手続も兼ねることになります。したがって、フローをみるだけでは不十分で、認識した統制が理解のとおりに実行されているか確認・検証すること

図表6-9　統制リスクの評価の流れ

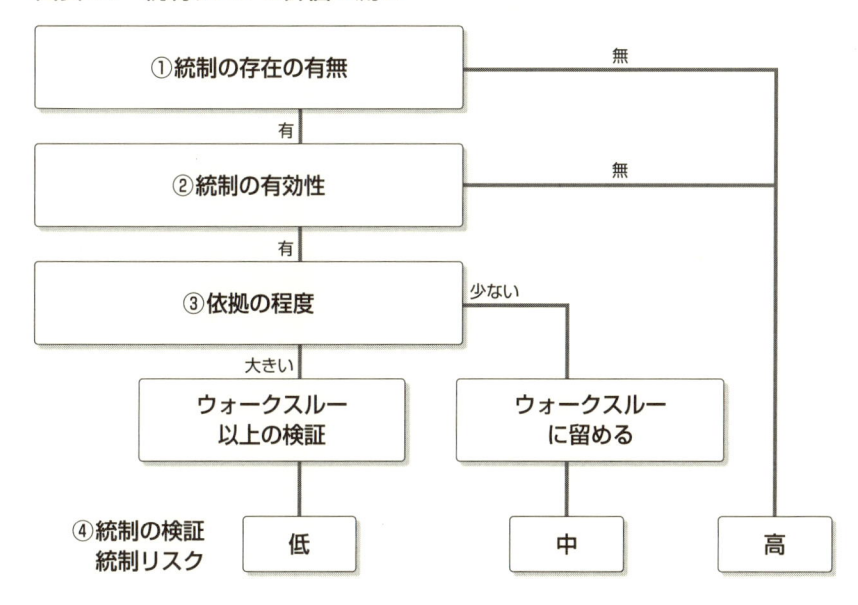

```
┌─────────────────────┐        無
│ ①統制の存在の有無    │────────────────────────┐
└──────────┬──────────┘                        │
           │有                                  │
┌──────────┴──────────┐        無              │
│ ②統制の有効性        │────────────────────┐   │
└──────────┬──────────┘                    │   │
           │有                              │   │
┌──────────┴──────────┐   少ない           │   │
│ ③依拠の程度          │────────┐          │   │
└──────────┬──────────┘        │          │   │
           │大きい              │          │   │
┌──────────┴──────────┐  ┌─────┴──────┐   │   │
│ ウォークスルー       │  │ウォークスルー│    │   │
│ 以上の検証           │  │に留める     │    │   │
└──────────┬──────────┘  └─────┬──────┘   │   │
                                          │   │
 ④統制の検証    ┌───┐      ┌───┐         ┌───┐
   統制リスク   │ 低 │      │ 中 │         │ 高 │
                └───┘      └───┘         └───┘
```

図表6-10　ウォークスルー

統制手続により防止・発見できるエラーの類型	統制手続の暫定的評価	ウォークスルー		
		帳票	証跡	再テスト
担当者/部署売掛金管理グループ・各担当者取りまとめ				
売上計上漏れ・売上架空計上	有効	売掛金残高調整表	調整表そのものおよび課長承認印	○
担当者/部署管理部門課長				
売上計上漏れ・売上架空計上	有効	(支)別不照合解消実績	実績表そのものおよび課長承認印	○

が必要となります。フローをみるだけで、認識した統制の確認・検証をしていないと、統制リスクを「中」とする場合でも別途に統制テストが必要となります。

◆ **システムがきちんと運用されているか確かめてみる（統制テスト）**

統制テストとは、「統制手続が、監査対象期間を通じて例外なく、有効に運用されているかどうかを監査人が検証する手続である」と定義されます。また、「内部統制に依拠して監査を実施する場合」に、「当該内部統制が監査対象期間を通じて継続的に有効に運用されているかどうかを確かめるため」統制評価手続を実施しなければならないとされています。

統制テストの要点は3つが考えられます。

① 統制テストと実証テストの区別をつけ、統制を識別した調書を残す必要があります。また、フローチャート、統制手続の分析に関する調書など統制を識別した調書を作成しないと、統制の識別・評価の過程を踏まずにリスクを決定してしまうのが問題になります。

② 統制テストの対象が1ヵ月（例えば20件を対象とした場合）だけならば、残りの11ヵ月についてどうやって当該内部統制が監査対象期間を通じて継続的に有効に運用されているかどうかを確かめることができるのかが問題になります。これを確かめないでリスク判断は不可能であり、年間をとおして依拠したことにはなりません。統制テストは、その目的および定義から期間は年間を対象とします。しかし、実務上年間を対象とすることが困難ならば、限定された期間を対象とした統制テストに追加手続を実施することにより目的を達成することが必要となります。追加手続とは、限られた期間について得た心証（例えば第3四半期まで）を年間に引き伸ばす手続であるといえます。例

第6章　監査手続　174

図表6-11　統制テストと追加手続

対象期間	追加手続	
4～12月の9ヵ月	1～3月各1件のウォークスルー	期末時点で変更がないことを観察・質問で確認
1ヵ月のテストを3ヵ月おき	実施しない月について各1件のウォークスルー	

えば図表6-11のような手続が考えられます。

③ 統制テストを実施しながら、発見リスク「低」に対応する実証手続を実施している場合、監査リスク上の問題はありませんが、非効率といえます。

リスク評価とは、いわば抽出されない項目に対する監査人の心証形成の手続です。財務諸表全体では通常、非抽出の部分が抽出部分より大きいことから、ある意味、抽出部分に対する実証手続よりも、非抽出部分に対するリスク評価の方が重要な監査手続ともいえます。

ここでITとの関係で捉えていくと監査人が関与する会社は、現在大半がコンピュータ・システムを利用しています。関与会社はコンピュータを使っているからこそ情報システムの内部統制の評価を行わないと監査をどのように実施したらよいか判断できないことになります。そこで、まず、統制手続を分析し評価すべきシステムを絞り、さらにシステム周りの人手による統制手続がどのようになっているか調査します。評価の流れをフローで示すと図表6-12のようになります。

◆ **推移表はなぜ作成するのか？**

実務の現場で、勘定科目別のITを利用した月次推移表を作成する手続の意味について考えてみます。作成して分析をしなければ意味がありませんが、月次推移表そのものは分析手段として有効です。月次推移で分析し大きな変動があれば、リスク評価を行って、特別な取引があったということですから取引自体の固有リスクが高いとい

175　3　IT統制

図表6-12 情報システムの内部統制の評価

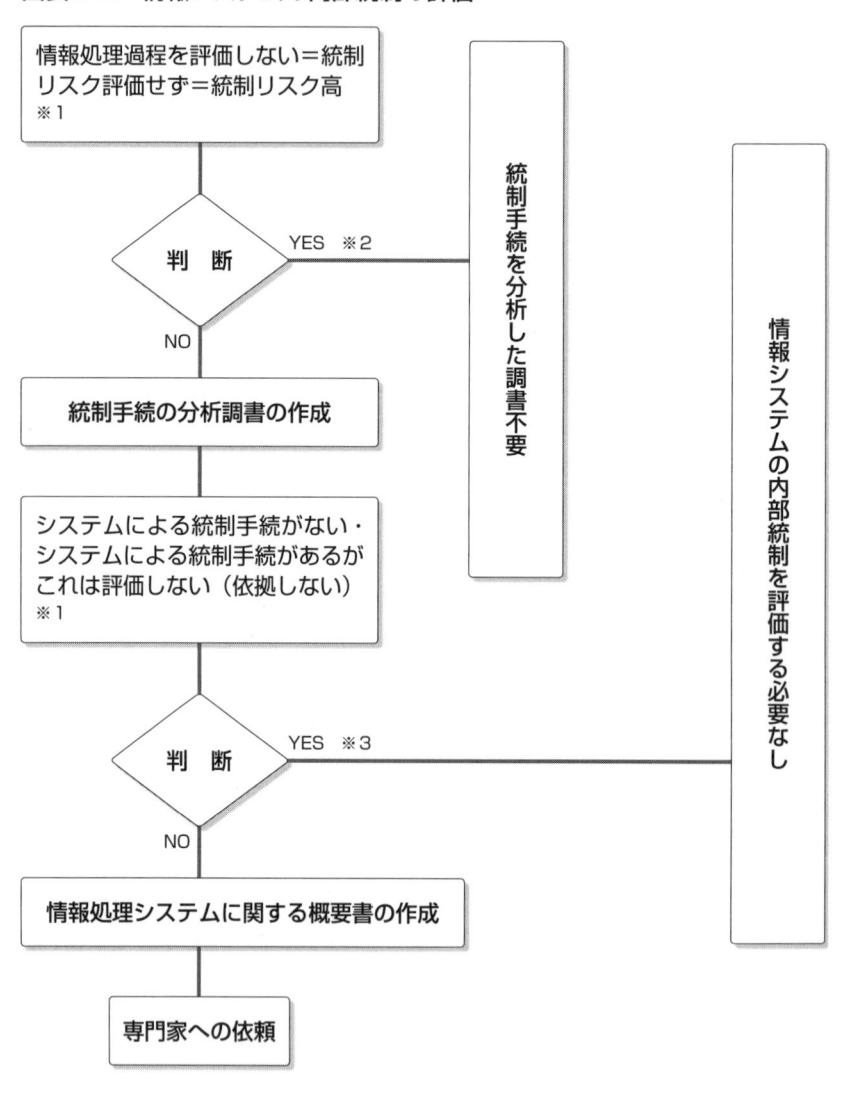

```
┌─────────────────────────┐
│情報処理過程を評価しない＝統制│
│リスク評価せず＝統制リスク高 │
│※1                      │
└─────────────────────────┘
            │
         ◇判断◇ ──YES ※2──→ 統制手続を分析した調書不要
            │NO
┌─────────────────────────┐
│統制手続の分析調書の作成    │
└─────────────────────────┘
            │
┌─────────────────────────┐
│システムによる統制手続がない・│
│システムによる統制手続があるが│
│これは評価しない（依拠しない）│
│※1                      │
└─────────────────────────┘
            │
         ◇判断◇ ──YES ※3──→ 情報システムの内部統制を評価する必要なし
            │NO
┌─────────────────────────┐
│情報処理システムに関する概要書の作成│
└─────────────────────────┘
            │
┌─────────────┐
│専門家への依頼│
└─────────────┘
```

※1：監査人による判断：絶対的な基準はない
※2：広範囲に実証手続を実施
※3：評価しない（依拠しない）ということも広範囲に実証手続を実施

図表6-13　実証テストと検証の程度

リスク評価なし		リスク評価有
精査（3件の点）	（グレー一面）	（黒一面）
3件の実証テスト 残りの白い部分は不明	全体として問題ないという心証を得た	全件全部検証した

　うことになり、推移表を分析するとその年度の固有リスクの把握に有効です。逆に高い項目だけ取り上げて検証（特定項目の抽出）し、他はリスクが低いので検証しないという方法も可能になります。ここでITを利用し、ITの評価を終えている場合には、監査人であれば、会社に作成を依頼するか表形式のデータで試算表等をもらうか、無理なら表形式で入力して作成することになります。この作業を監査人が行うと、パソコンに張り付くことになってしまいます。監査人が始めから作成していたら効果とコストに見合わないことになります。

　何万件から構成されている売上高や仕入高について、リスク評価もなしに、年間数件の実証テストだけで、「重要な虚偽記載はない」とはいいきれません。売上高や仕入高は、通常、情報処理システムを利用して集計されてくるのはいうまでもありません。

　売上サイクルを評価して「低」としたが、入金サイクルは評価してないとします。そこで売掛金の残高確認は80％以上実施しています。入金サイクルの統制リスクは「高」とみなし、銀行への残高確認も100％実施しています。とすると売上高は分析的手続だけになってしまいます。売上サイクルの評価は低で、商品群別の月次推移で売上原価もあわせて分析し、変動原因はすべて質問により明らかになり合理的であれば、監査人としての十分な心証を得たことになります。仮に統制テストをやってないとすると、

図表6-14　合意された手続と監査

差異

	監査	合意された手続
意見形成・表明	あり	なし
対象	財務諸表全体	財務諸表の特定の要素、勘定もしくは事項

勘定レベル

	監査	合意された手続
未検出の監査差異	推定	無視
	↓	↓
心証形成	あり	なし

分析手続だけで十分といえるでしょうか。売掛金の残高確認は毎期80％以上実施しているから、売上高のフローの期首と期末は押さえられていると、もし架空売上などがあったら売掛金残高に残ってきます。確かに商品種別の計上額の入りくりがある場合は残高確認では発見できない可能性はありますが、財務諸表の表示では売上高一本の表示なので仮に入りくりがあったとしても虚偽記載にはなりませんし、重要な入りくりは先ほどの分析的手続で発見できます。カットオフ・テストをしなくて期間帰属の監査要点は満たしているでしょうか。統制手続の分析に関する調書に、期間帰属の統制目標についてこのような統制手続で満たしており問題はないと分析結果が記載されていることが条件となります。また、売掛金の残高確認は期末に実施し、差異調整ではこのように期間帰属の点からも十分検証している場合は、数件の売上伝票の形式カットオフテストより数段厚く期間帰属の監査要点を満たしていることになります。

《執筆者紹介》【担当章】

古田 清和【編集、序章、第1章1、3、4節、第2章、第3章1、3、5節、第5章3節、第6章3節】
甲南大学会計大学院教授、公認会計士・税理士、㈱日伝 社外監査役
公認会計士試験（監査論）試験委員、日本公認会計士協会修了考査運営委員会出題委員などを歴任
著書：『実務のための財務会計（改訂版）』（同文舘出版）
『基礎からわかる管理会計の実務』（共著）（商事法務）、他

中西 倭夫【第3章2節、第5章2、5節、第6章1、2節】
甲南大学会計大学院教授、公認会計士、兵庫県川西市監査委員
日本公認会計士協会修了考査運営委員会出題委員などを歴任
著書：『スタンダードテキスト監査論』（共著）（中央経済社）、他

村田 智之【第3章4節、第4章、第5章1、4節】
甲南大学会計大学院教授、公認会計士・税理士、ヴィンキュラムジャパン㈱社外監査役、コタ㈱社外監査役
著書：『会計学実践講義』（共著）（同文舘出版）
『ビジネス会計検定試験対策問題集1級』（共著）（同文舘出版）、他

坂戸 英樹【編集補助、第1章2節】
愛媛大学大学院連合農学研究科（博士課程）在籍
企業における監査対応、台湾新幹線の経理制度構築支援、㈱大和総研の主任客員研究員などを経験

《検印省略》

平成23年10月15日 初版発行　　　　　　略称：役員監査

会社役員・財務経理担当者のための
監査入門

		古　田　清　和
著　者 ©		中　西　倭　夫
		村　田　智　之
		坂　戸　英　樹
発 行 者		中　島　治　久

発行所　同文舘出版株式会社
　　　　東京都千代田区神田神保町1-41　〒101-0051
　　　　営業（03）3294-1801　　編集（03）3294-1803
　　　　振替 00100-8-42935　http://www.dobunkan.co.jp

Printed in Japan 2011　　　　　　　　製版：一企画
　　　　　　　　　　　　　　　　　印刷・製本：三美印刷
ISBN 978-4-495-19591-5

本書とともに〈好評発売中〉

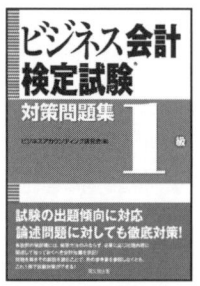

ビジネス会計検定試験®　対策問題集〈1級〉

A5判・204頁
定価（本体2,300円＋税）

ビジネス会計検定試験®　対策問題集〈2級〉（第2版）

A5判・200頁
定価（本体2,000円＋税）

ビジネス会計検定試験®　対策問題集〈3級〉（第2版）

A5判・164頁
定価（本体1,800円＋税）

ビジネスアカウンティング研究会の本

日商簿記1級徹底対策ドリル
［商業簿記・会計学編］

B5判・224頁
定価（本体2,300円＋税）
2010年5月発行

日商簿記1級徹底対策ドリル
［工業簿記・原価計算編］

B5判・224頁
定価（本体2,300円＋税）
2010年5月発行

テキスト連結会計入門

A5判・256頁
定価（本体2,500円＋税）
2010年1月発行

同文舘出版株式会社